识干家

企業閱讀　學以致用

工程项目大客户销售攻略

陆和平◎著

图书在版编目（CIP）数据

工程项目大客户销售攻略/陆和平著. -- 北京：北京燕山出版社，2020.9

ISBN 978-7-5402-5810-8

Ⅰ.①工… Ⅱ.①陆… Ⅲ.①工程项目管理-销售管理 Ⅳ.①F284

中国版本图书馆CIP数据核字（2020）第186360号

书　　名： 工程项目大客户销售攻略
作　　者： 陆和平
责任编辑： 满　懿
出版发行： 北京燕山出版社
地　　址： 北京市丰台区东铁匠营苇子坑138号C座
邮　　编： 100079
网　　址： http://www.bjyspress.com
电　　话：（010）65240430
电子信箱： bjyspress@126.com
印　　刷： 河北宝昌佳彩印刷有限公司
经　　销： 新华书店
规　　格： 170毫米×240毫米　16开本　13.25印张　160千字
版　　次： 2020年12月第1版　　2020年12月第1次印刷
定　　价： 68.00元

导读

工程建设项目的建筑材料和设备采购以单次采购为主，销售与客户关系难以延续，客户关系成本高；多企业参与，除了业主还有勘察设计、监理、总包、招标公司等，复杂的采购组织带来的销售难度超过了只有单一业主的项目；工程建设项目采购从立项到最后招标可能会持续几年，供应商销售人员需要耗费大量的时间成本；项目的材料采购方式比较复杂，有正式的招投标、议标，有甲方直接采购的，也有甲方指定由乙方采购的。这些特点决定了工程建设项目的销售有别于一般的项目销售，后者客户采购组织比较单一；更有别于大客户销售，后者客户持续采购，信息比较透明。因此，针对工程建设项目的销售更复杂，项目中太多的变数给销售人员带来的既是挑战也是机会。

市场上销售技巧类书籍不计其数，以大客户销售冠名的书籍也很多，但都是聚焦在工业品或 B2B 通用销售领域。针对工程建设项目细分领域，考虑工程建设项目采购特点的项目销售类书籍很少，即使有，也大都以做关系等手段为主，缺乏系统的理论框架。本书作者是名校土木工程系科班毕业，有十年设计院的工作经验，同时在全球最大建材制造商和 500 强跨国公司有将近二十年的职业销售生涯，不但对建筑行业及相关建材和设备非常了解，而且积累了丰富的工程项目营销实战经验。本书全方位透视工程大项目拿单的奥秘，理论框架清晰，方法论逻辑严谨，更有作者经历的活生生的实际销售案例分析和鲜活的销售话术，文笔流畅，朗朗上口，每讲约2500字，也符合现代人碎片化学习的习惯。

本书共九章三十八讲。第一章项目销售中的关键节点，主要介绍项目建设的基本程序，从项目立项、初步设计到招投标采购整个阶段，以及与销售相对应的销售流程和里程碑；第二章项目选择与立项，介绍工程项目评估原则和技巧；第三章收集项目信息，介绍项目需要收集的五类关键信息和收集信息的六个途径，尤其是收集私密信息的路径；第四章项目采购组织分析，包括业主采购组织三三矩阵，项目采购的四个关键节点，业主、总包、设计等影响力分析；第五章项目需求分析，介绍项目中业主、设计、总包需求分析与对策；第六章项目竞争对比分析，介绍如何制定扬长避短的竞争策略，避免成为备胎的技巧；第七章项目目标与竞争策略，介绍项目销售中的六大竞争策略，以及供应商如何让业主和设计指定上图；第八章在项目中建立客户关系，介绍如何定量衡量客户关系和建立客户关系的方法；第九章项目的沟通技巧，重点介绍如何了解需求、呈现价值、挖掘差异化优势的方法。本书前七章是谋定而动——工程大项目销售拿单策略，第八章、第九章是项目销售中的销售技巧——关系和沟通技巧，更多的销售技巧可以参考本书作者的另一本著作《大客户销售这样说这样做》。

本书也是作者同名销售培训课程的讲师手册，对本书观点认同且有内训需求的企业可添加作者助理微信号：lu_heping 与作者联系。

工程建设项目客户特征

假如你今天是一个消费者，在买一瓶饮料和一辆汽车的时候是怎样做决定的呢？第一，买一辆车至少要花10万元，还要加上牌照费，而买饮料一般也就几元钱；第二，买车你会问朋友、家人的意见，而买饮料一般不需要征求别人的意见；第三，买车你会考虑几个月的时间，而买饮料几秒钟就能决定；第四，饮料可以在路边小店购买，买车一定是在4S店买。其实，4S店的车很贵，汽贸公司同样的车可以还价，为什么一定要在4S店买呢？有人说4S店可以提供服务，其实那里的服务很贵，很多人保修期一过就不去4S店做保养了，关键问题还是我们觉得在4S店买车比较保险，不过更多的还是给你心理上的安全感。

我们销售的产品可以分为两大类：个人购买的消费品、耐用消费品（B2C模式）和企业购买的工业品（B2B模式）。饮料是消费品，而汽车是耐用消费品，虽然都是个人购买，但其采购决策是不同的。

假如你是企业的采购人员，计划为企业采购一套工业设备，订单金额大，少则十几万元，多则上千万元；从立项到最后招标采购可能持续几个月甚至几年时间；实际参与决策的人和部门更多，你在采购时更加注重品牌、质量和服务。假设你采购的设备无法正常工作，企业可能得关闭生产线，花几周的时间维修甚至重新更换设备，导致产品无法销售……你甚至可能因此失去工作。因此，你会选择最低风险的产品而不是最低价格的产品，采购大品牌，会让你在心理上感到比较安全。大部分女孩子选择另外一半的标准，难道不是首先有责任感、有担当，其次才是有钱吗？

接下来，我们进一步讨论工程建设项目客户采购的特征。

先简单介绍一下工程建设项目的具体定义，它包括：公路、铁路、桥梁和各类工业及民用建筑等工程的新建、改建，以及机器设备的购置安装。本书主要聚焦工业厂房、住宅、办公楼、医院、酒店等工程建设项目，以及针对这些项目的建筑装饰材料、房屋设备的销售策略和技巧。

第一，工程建设项目是以单次采购为主。有些项目有可能分一期、二期和三期，但是一般间隔时间比较长，因此我们认为这属于阶段性采购。对销售带来的挑战是大部分为一锤子买卖，客户关系难以延续，只有冠军，第二名没有任何意义，因为前期的投入多，所以建立客户关系的成本高。也有一些房地产公司的部分材料和设备属于集团战略性采购，和本书讨论的需要招投标的采购方式有所不同。

第二，多企业参与。除了业主（甲方）和业主的不同部门及不同管理层外，还有勘察设计、监理、总包、分包、招标公司、造价审计等，还包括材料设备供应商。复杂的采购组织带来的关系处理难度超过了很多只有单一业主的项目。

第三，项目建设基本程序。从项目立项、方案、初步设计、施工招标、材料设备采购、施工、竣工验收，有固定完整的流程（如图 1 所示），并且一个大项目的采购从立项到最后招标采购可能会持续几年时间。材料设备供应商的销售人员也需要耗费大量的时间，一步一步往前推进，介入项目太早，销售人员花费大量的时间、金钱和机会成本，还不一定成功；而介入太晚，又有可能成为备胎和炮灰，太多的变数给销售人员带来的既是挑战也是机会。

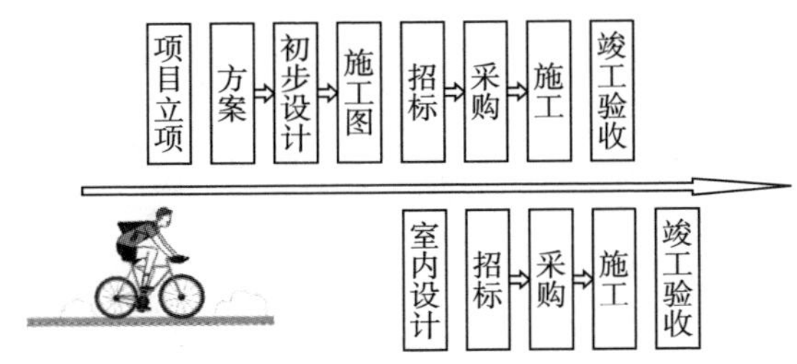

图 1 工程建设项目流程图

第四，材料采购的方式比较复杂，有正式的招投标，有些是议标，有些是甲方直接采购，有些是甲方指定由乙方采购，还有些是总包、分包自己采购。大宗的材料设备，以及与施工进度配合要求不高的材料设备，一般是由甲方直接采购的，例如电梯、中央空调、幕墙、装饰石材花岗岩等；有些比较重要的材料设备是甲方指定后由乙方采购的，例如吊顶隔墙系统、开关电器等；有些是总包、分包自己采购的，例如基础建材水泥、钢材等，或一些小额采购。

目录

第一章
项目销售中的关键节点

第一讲　客户购买四大关注点

你买房了吗？你买房的经历是怎样的呢？你为什么想买房？你想买什么样的房呢？你最终买的房和你最初的设想吻合吗？确实，买房是一个纠结而漫长的过程。

买房这个需求是怎样产生的呢？也许你经历了租房的辛酸，想要过上那种没有房东催缴房租，即便辞职或者失业也不用担心没钱交房租，不被人打扰的生活，房子带给你的是一种安定和安全感。总价不能过高，因为你口袋里的钞票有限，所以只能选择老破小的二手房。当然，交通尽可能方便一些，2 小时内能到公司也可以接受。

接下来，你根据设定的标准从网上搜集相关的房产信息，开始了和女朋友漫长的看房之路。你们从一房看到二房，从“老破小”的二手房到新房，小区也一个比一个漂亮，你们在憧憬规划着未来美好生活的同时，似乎也忘记了原来设定的标准和资金的限制。

半年以后，你们回到现实。根据预算，你们也锁定 2 ~ 3 个目标，当然，你最中意的是其中的 A 房。为什么还有备选的 B 房和 C 房呢？因为你们担心万一 A 房价格谈不下来，还可以有 B 房、C 房作为退路。你可能还担心公积金能不能下来。当你付首付款的时候还在担心：那个中介公司靠谱吗？房东会不会一房二卖？

这是客户在购买大件商品时的典型过程，在采购流程的不同阶段，客户的关注点会有所不同。开始是需求，接下来是关注产品和方案，最后是担心风险、考虑成本，如图 1 – 1 所示。工程建设项目客户在整个采购流程中对需求、价格、解决方案和风险等采购要素的关注程度也有类似的状况，是动态变化的。

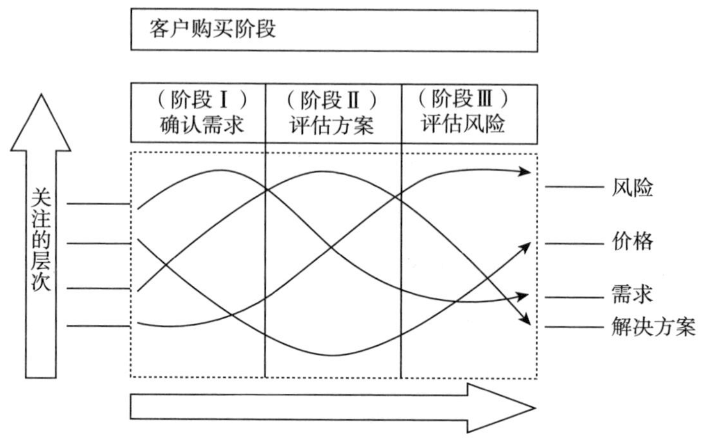

图 1－1　采购要素随客户购买阶段而动态变化

在开始阶段，客户把需求和准备花多少钱放在比较重要的位置，例如工程建设项目可行性研究的投资估算和初步设计的概算都属于第一个阶段，风险和方案曲线还很低，这意味着客户并不太关注他们。开始时，客户会要求供应商有一个初步的报价，但绝对不是最终报价，供应商的报价一定要留有余地。我们经常说："在客户没有看到方案的价值前，任何价格都是高的。"在销售界也有一句话："关系不到，价格不报；价格报得高，客户一开始就把你 Pass 掉了；价格报低了，客户认为便宜无好货，所以最好不报价。"但有读者问："客户一定要报价怎么办?"给你第二招，你这么说："现在价格这么透明，想高价也不行。请放心，到时候一定给你一个优惠价。"如果还是不行，再给你第三招，告诉客户："在需求配置没有确定以前，只能报一个区间价。"这样就留有余地，或者变被动为主动："你们公司一般的付款方式是怎么样的呢?""你们预计首批订单是多少呢?"和订单量、付款周期、售后等捆绑来谈，对方也说不清，这样你不报价就有了理由。注意，价格曲线到了最后又上扬，招投标或采购阶段才是真正的价格谈判阶段。

第二个阶段，客户开始评估你的方案，看解决方案是不是合理，能否解决他的问题、满足他的需求，这时客户对价格的关注度开始降低。工程建设项目中一般由设计院负责产品选型，初步设计文件是为了符合编制施工招标文件的要求，要定设备清单、定材料清单、定技术说明，业主的技术部门也会参与评估标准的制定。这个阶段，客户的需求已经体现在招标文件的技术标和商务标部分，客户据此来评估你的产品和方案。你是不是客户的备胎和 B 计划，应该能从中看出来，对此我们在后几个章节再进行详细介绍。

第三个阶段，客户在招标和采购前，风险意识开始加强：这次采购对公司和个人有什么风险？万一出了质量问题或者供货不及时，造成经济损失怎么办？因此，这个阶段供应商一般会利用成功案例和工厂参观的方式来打消客户的顾虑，而业主也会通过“封样”来锁定产品的质量和效果，避免未来的风险。价格一定是业主关心的重要因素之一，这时就到了项目采购流程的最后阶段——招投标和价格谈判阶段。

工程建设项目的采购流程中，对需求、价格、解决方案和风险等采购要素的关注程度是动态变化的。项目由高层启动，操作层收集信息，管理层评估考察，高层做出购买决策，而建设项目的材料设备供应商按照项目建设基本程序的节奏向前推进，在什么阶段就做什么工作。那种一见面就报价，项目初期就要求高层互访的情况显然是超前了；而到了招标阶段，如果该做的商务交流和技术交流都没有做，对客户信息也是一无所知，这种情况下项目都能做成，只有两个字——运气，没做成也是两个字——正常，用四个字总结：靠天吃饭。

总结：

在工程建设项目采购流程的不同阶段，客户首先关注的是需求，接下来是产品和方案，最后是担心风险、考虑成本，而且这四个因素是动态变化的。销售人员应该顺势而为，不能逆势而行。

第二讲　采购流程和销售流程

根据客户关注点的动态变化，我们对项目的采购流程做进一步的细化，把它分成需求产生、设计选型、审核考察、方案评估、购买决策 5 个阶段。同时，销售流程必须与采购流程相关联，应当按照项目建设基本程序的节奏向前推进，我们把项目销售流程也相应分成 8 个阶段：立项、收集信息、分析信息、制定策略、建立关系、沟通需求、呈现方案、最终成交。制定策略以后的销售行为除了建立关系、沟通需求和呈现方案外，还可包括技术交流、产品演示、客户参观、高层拜访等内容，如图 1 – 2 所示。

有人说，销售是一件很灵活的事，我不知道明天会遇到谁，他会说什么话，有什么行动。把项目销售分成理想化的几个阶段，按部就班地推进，现实吗？

对项目销售有一个很形象的比喻，你是开汽车还是铺铁轨？从上海到北京可以开汽车，而开车很有可能走错路，甚至走错方向开到广州去，中间还可能有抛锚、翻车等情况，全凭驾驶员的个人技术。还有一种就是铺铁轨，从上海到北京只要沿着铁轨

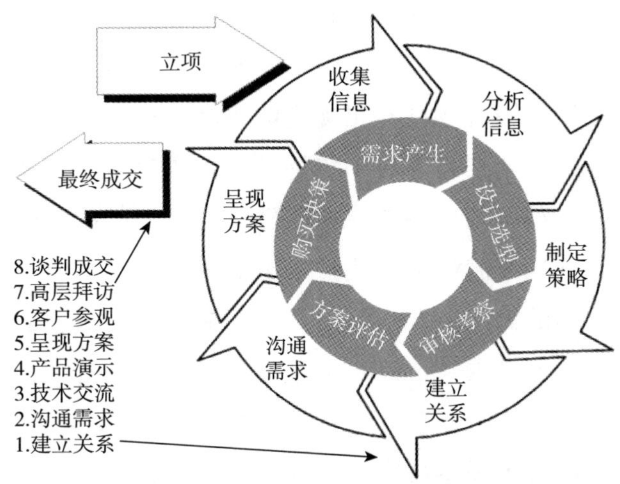

图1－2　采购流程和销售流程示意图

开，就不会走错，我们就用铺铁轨来形象地比喻销售流程。

销售是一门艺术还是一门科学？大多数销售人员把销售看成一门直觉艺术，而不是一门条理清楚、可重复操作的科学。在这次销售访问中，你技艺高超，但下一次就有可能“车毁人亡”。因为你的每次拜访都是“即兴表演”，成功与否主要看运气，但运气好的时候往往不多。当然，也有一些人“即兴表演”一直非常出色，这就是牛人！不过，这世界上牛人不多，大部分销售人员都是普通人，所以需要标准化的销售流程。

为什么美国能出连锁快餐，而中国只能出中国餐馆？为什么连锁快餐的味道并不如中国餐馆的好，却在全世界开店？因为它有标准，全世界的连锁快餐是一个模样，连汉堡的大小、可乐的温度都是一样的，也不用担心卫生问题。然而在个别中国餐馆里，你会担心吃到地沟油，怕吃了不卫生的食物后拉肚子；这个月你觉得这家餐馆的菜做得不错，等下个月再去的时候，味道好像完全变了，因为厨师跳槽了。连锁快餐没有大厨，但有标准流程和运营手册，这样的标准流程是经过千锤百炼的，保证质量不会大起大落。

同样，项目销售人员按照规定的步骤来规划销售拜访，以标准化的销售策略和技巧与客户沟通，也可以避免低级错误，因为这种标准的流程和技巧是在前人的经验和教训基础上总结提炼出来的。虽然标准化流程不会使你马上成为销售高手，但至少可以使你成为合格的销售人员，而不合格的销售人员对企业的伤害很大，不是炮灰就是杀手，他们不是杀敌人而是杀自己，不仅把可以成交的客户搅黄了，还常常替他人作嫁衣、做备胎。

项目建设基本程序从项目立项、初步设计一直到招投标和采购整个阶段，包含客户采购流程的需求产生、设计选型、审核考察、方案评估、购买决策5个阶段。其中，初步设计的一个重要作用是满足编制施工招标文件、主要设备材料订货和编制施工图设计文件的需要，初步设计结束之时也是需求确定之时，即定设备清单、定材料清单、定技术说明。举个例子：如果电梯供应商在初步设计以前没有介入，电梯的布局、尺寸是根据友商的轿厢定的，技术说明也是友商来编的，那接下来的方案评估就会很被动，最后的购买决策阶段成交还有戏吗？如果材料设备是总包自己采购的，那麻烦更大，我经常听到销售人员这么说：“总包还没有投标，施工单位还没有定，项目还早呢！”由于前期你没有要求业主指定，每个承包商都有自己的长期合作供应商参与投标，而你的价格没有竞争力，中标后会用你的产品吗？了解项目建设基本程序和客户的采购流程，有了销售流程做指导，就不会犯这样的错误。

另外，工地施工顺序一般是先地下后地上；先主体后围护；先结构后装饰；先土建后设备。不同的材料和设备采购顺序有所不同，不同材料的供应商可以有不同的时间切入点。了解这些建设基本程序的特点，供应商的销售人员就可以提高拜访效率，例如与前面的材料供应商合作，请求他帮你引荐。

由于工程建设项目涉及的范围很广，比较复杂，采购流程和销售流程也不一定完全按以上标准和顺序进行，应根据实际情况灵活掌握。销售既是一门科学也是一门艺术。练功夫的人，平时训练一套拳法是从头打到底，而在实战中就要见招拆招，但是基本的套路是有的，每个套路中的拳法也是固定的，销售流程中销售人员要掌握的策略技巧是固定的，也是需要灵活应对的。

总结：

客户采购流程包括需求产生、设计选型、审核考察、方案评估、购买决策 5 个阶段。我们把项目销售流程也相应分成立项、收集信息、分析信息、制定策略、建立关系、沟通需求、呈现方案、最终成交 8 个阶段。销售流程就像铺铁轨，它可以避免销售人员犯低级错误和方向性错误。

第三讲　你的销售行为真的有效吗

一个男孩追求一个女孩，做什么样的事情才能讨女孩子欢心呢？出现什么样的状况才觉得有戏呢？男孩追求女孩当然是希望跟她结婚并白头到老，从认识到结婚这个漫长的过程，男孩要做什么事情才能保证他们的感情不断加深，关系不会中途夭折，最终走进婚姻的殿堂？

首先男孩要给心仪的女孩打电话邀约，一次、两次、三次，最后女孩答应出来见面，大家聊一聊，感觉还不错，互相留了联系方式，约定下一次见面的时间。当然，也有可能一方感觉不好就没有下次了。

下次再约，他们有可能去看电影，看爱情片还是恐怖片呢？有同学说爱情片是女孩子喜欢的，也有人说看恐怖片，是显示男子气概的好机会。总之，在电影院里男孩牵手女孩成功，女孩没有拒绝，关系有了进展。

在恋爱过程中，男孩为取得女孩的欢心，送花送礼是免不了的，等双方关系发展到一定程度，男孩邀请女孩一起旅游，如果女孩同意了，水到渠成，双方的关系是不是又向前一大步呀？接下来，男孩要求上女孩家拜访，然后双方父母正式见面，谈婚论嫁，订婚送戒指，最后结婚修成正果。

你有没有发现，男孩追求成功，牵手女孩走入婚姻殿堂，做对了两件事情：一是提要求并获得对方承诺，即要求见面、牵手，要求旅行，双方家长见面，最终求婚成功，一步一步建立感情而不是闪婚，因此感情基础牢固；二是女孩在恋爱期间投入了时间和真感情，成本挺高，因此也不会轻易放弃。如果双方互有好感，但男孩怕被女孩拒绝而不敢表白，导致终身遗憾的案例也时有发生。

对项目销售人员来说也是一样的。销售的最终目的是拿下订单，第一次预约客户，如果客户见都不愿意见，订单基本上就没有希望了，即使与客户见了面也同样有问题。我以前所在的公司有一位销售人员，跑项目挺勤快的，但就是没业绩，成单很困难。有一次我跟这位销售人员一起拜访工地，发现他跟业主、总包不能说不熟，客户对他也很友好，交流也很顺畅，但沟通之后说了一声“再见”，拜访就结束了，实际上他的拜访是无效的。

那么，有效的拜访应该怎么做呢？要像男孩追求女孩一样，应该在交流结束之后提出要求，和客户确认下一步的行动。比如这一次和客户交流了需求，那么就可以约定下一次见面交流一下方案；或者这次与这位客户沟通得很愉快，那么你可以趁机请求客户帮助你引荐其他人。当客户执行到了承诺，他就不得不支持你，例如他向领导推荐了你，就一定希望你成功，以便证明自己推荐的正确性。

让我们看一个有效拜访的案例。

销售人员：薛经理，您是洁净厂房方面的专家了。刚才您提到的GMP厂房建筑围护系统的一些想法很重要。那接下来，您看是不是安排设计院一起研讨一下？结合您的思路，还有我们建设GMP厂房方面也有一些成功的案例。

薛经理：现在大家很忙。这样吧，具体情况你和设计院沟通，你也可以先设计一个方案让我们看看，一定要有针对性。

销售人员：也好。薛经理，我有个想法，您看是不是合适？我知道下周五有个沟通例会，正好业主工程部和设计各工种都在，我们先根据项目的要求做个初步方案，到时候抛砖引玉，请大家集思广益提意见。达到1000级制药生产标准GMP厂房，建筑围护系统方案尤其重要，前期设计越完善，后期运营管理带来的风险越小，您说呢？

薛经理：哦，是的。

销售人员：不过就是麻烦薛经理组织和通知一下，您看可以吗？

薛经理：好的，我以工程部的名义发个通知，请相关人员参加。

在项目销售中，很多销售人员还是会陷入活动的泥潭，像搜集信息、建立关系、介绍产品、提供方案这样的销售活动当然是应该做的，相当于男孩给女孩送花、送钻戒。但严格来说，做了这些仍然可能失败，只有从客户那里获得的承诺，才有助于把销售往前推进。例如客户同意参加一个产品演示会；让你见更高一级的决策者；来工厂参观考察；参加产品测试；客户邀请你参加投标等。客户承诺相当于销售流程中的里程碑，它将整个销售流程分成若干个阶段，来衡量销售进展和成功概率，只有到达里程碑的拜访才算是有效的拜访。

项目销售有一个形象的比喻：你是开汽车还是铺铁轨？我们把铺铁轨比喻成销售流程，从上海到北京只要沿着铁轨走，你就不会走错方向。不过，即使有了铁轨，有些人也永远到不了北京，为什么呢？要到达北京，你必须经过苏州、南京、济南、天津，而有的火车停在苏州不动了，因为客户没有给你到达南京的通行证，通行证相当于客户的承诺，所以你永远也到不了北京，没有承诺就没有项目的进展和最终的订单。

客户承诺的另一个标准是客户投入，只要客户投入就不会轻易放弃。所以，你走出客户的大门时，不仅要知道要为客户做什么，还要知道客户将要为你做什么。只有客户在为你做事情，流程才可能前进。在实际销售中，往往是客户不断向销售人员提要求：今天要你报个价，明天要你送个方案。大部分销售人员是被动地在家等通知，把客户的要求当圣旨，客户让干什么就干什么。其实销售过程是一个需要彼此付出成本的过程，必须让客户投入成本，即时间成本、信誉成本、思考成本，销售人员提问，客户回答需求；销售人员写方案，客户审核；销售人员演示产品，客户测试。当对方付出足够多之后，你们就在一条船上了。

接下来，介绍一家生产吊顶和隔墙的公司根据项目销售流程设立的八个里程碑，如图 1－3 所示。

（1）项目立项：初次入围。客户同意进入供应商初选名单。

（2）关键信息：有线人和教练愿意帮助传递消息、引荐关键人。

（3）方案讨论：客户愿意跟你讨论方案。注意：不是单方面给客户方案。

（4）设计指定：设计指定唯一品牌；样板间获得客户认可；列入选择品牌之一。

（5）业主考察：业主考察工厂或样板工程；安排高层互动。

（6）参与招标：参与招标文件制定，提供技术参数；指定参与友商。

（7）业主指定：中标，业主指定唯一品牌。

（8）合同签订：收款、发货。

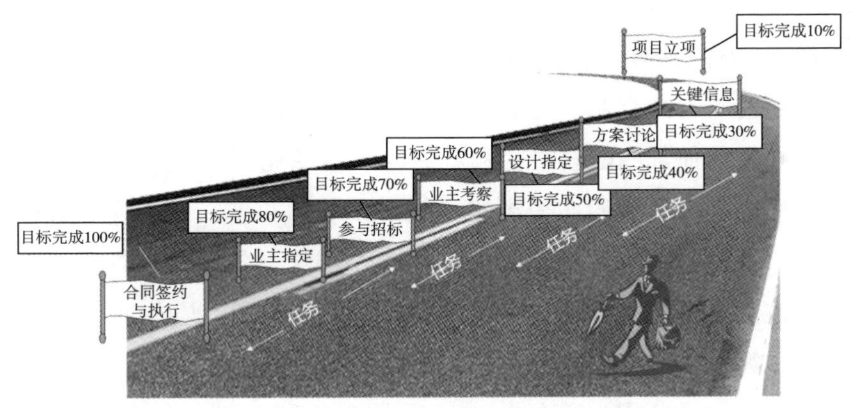

图 1－3　项目销售流程设立的八个里程碑

总结：

有效的销售行为有两个前提：一是提要求并获得对方承诺，与客户确认下一步的行动；二是对方投入，让客户投入时间成本、信誉成本、思考成本。

第四讲　有效销售行为四要素

如果客户跟你说："这次交流收获不少，以前对你们不太了解，现在感觉贵公司的产品和服务确实不错，成功案例也和我们行业很相近，未来我们找机会合作。"仅仅凭这句话，你能判断客户的合作意向有多大吗？其实很难判断。这是不是一次成功的拜访？主要看客户有没有承诺，销售流程有没有推进到下个里程碑。

客户承诺有四个要素：第一，时间是确定的。"春节前签订合同，这样安排可以吗?"第二，客户必须参与。"下周可否组织相关部门的领导就需求做个调研?"第三，它必须是一个具体的行动。"方便帮我引荐设备科长吗?"第四，承诺不仅要对我方有利，更要对客户有利，既要产生价值。"本次研讨如果请老板出场，未来其他部门配合会更顺利一些，你说呢?"

根据客户承诺的四个要素，接下来你最好说："谢谢领导鼓励，下周约个时间让其他部门也一起参加产品演示会，这样推进项目也能更好地获得其他部门的支持，您看可以吗?"时间——下周；客户参与——有关部门；具体行动——产品演示会；产生价值——获得公司内部的支持，项目更顺利。四个要素都齐了。如果很幸运，你获得了客户的承诺和同意，这就是一次有效的拜访。

承诺这件事情，敢不敢向客户要求是心态问题，要理直气壮地提出要求；如何要求则是技巧问题。大部分的销售人员每次拜访不要求承诺，一个重要的原因是怕被拒绝，害怕万一客户说

“不”的时候，没有任何回旋的余地。想来好笑，谁给我们代替客户选择的权利？你有义务去问，而不是代替客户回答“是”或者“否”，即使客户说“否”，也没什么大不了的，至少你弄清了对方的态度，再说还可以有其他机会，这就变成了技巧问题。

有个小伙子参加高中同学聚会，见到他的梦中情人，她看上去和以前一样漂亮。小伙子喝了一口酒壮胆，上前跟梦中情人打招呼，聊了几分钟，也许是酒精的作用，小伙子感觉放松了一些，不那么紧张了，便说高中的时候一直希望能约她出去。梦中情人说：“为什么不约呢？”小伙子说：“怕你拒绝。”对方说：“你为什么要替我说‘不’？”是啊，答案除了“不”，还有“是”，不问怎么知道答案呢？可惜现在问太晚了，人家已经名花有主了。

前面我们讲了心态问题，接下来讲一下如何要求客户承诺的技巧。

如果你害怕被对方拒绝，开始可以说：“张总，您看下一步怎么推进这个项目？”暂停，“球”到了客户脚下。客户给承诺说：“你们先做个样板房，具体什么时间完成，找谁去沟通。”如果客户不给承诺，就会说：“我们回去研究一下。”接下来你说：“领导，我有个不成熟的想法，您看可不可以这样做？”接着说出你的要求。

要求客户承诺有四个注意事项：首先，是注意职权范围。例如要求一个基层的工程师帮你约公司的董事长明显是其能力达不到的。

其次，避免强人所难。客户暂时不愿意承诺，也许有其个人的顾虑和考虑，一味索求会让客户心生反感，退一步再找合适的时机也许会更好。曾经有个项目，通过关系找到了某医药设备集成商的李总，介绍我见面的中间人跟李总还是好朋友。但见面后总感觉李总说话非常谨慎，还把办公室大门敞开，晚上打电话想请他出来喝茶，被他客气拒绝，说会尽他所能帮我们说话。我当时觉得奇怪，这不像一个总经理的风格，因为我们的水泵只是其系统集成中不太关键的设备。后来通过另一个与我关系比较好的工程师了解到，总经理因为前一个项目引进的设备做砸了，导致业主不付款，引起董事长的不满，现在所有采购由采购部直接向董事长汇报。最终我还是通过其他途径才做成了这个单子。

再次，匹配采购流程。不要要求与客户流程不相符的承诺。例如在客户收集信息阶段要求双方老总见面，在招标前要求与客户讨论技术方案，这样会被对方拒绝。如果采购流程到了后期，客户愿意带你去见领导，就证明他是支持你的，说明你离成功更近了。

最后，要求最低的承诺。当客户拒绝承诺的时候，你可以暂时放弃那个高的承诺，退而求其次，要求一个低一点的承诺。例如当客户表示不愿意为你引见某人时，可以要求客户提供某人的信息，便于你前去拜访。因为心存歉意，这种情况下客户一般会帮忙；如果这点小事都不愿意帮忙，则反映了客户不愿意合作的态度。

还有一种做法，就是先向客户提出一个很小的要求，对方很容易就做到，然后再慢慢提出一个比较高的要求，客户就容易答应。例如很多销售人员在拜访客户的时候，会向对方要杯水喝，这个要求容易满足吧？接下来的第二个高一点的要求对方就容易同意，这大概也是温水煮青蛙的效应。

总结：

客户承诺有四个要素，即时间确定、客户参与、具体行动、产生价值，如图 1 -4 所示。要求客户承诺有四个注意事项，注意职权范围、避免强人所难、匹配采购流程、要求最低的承诺。

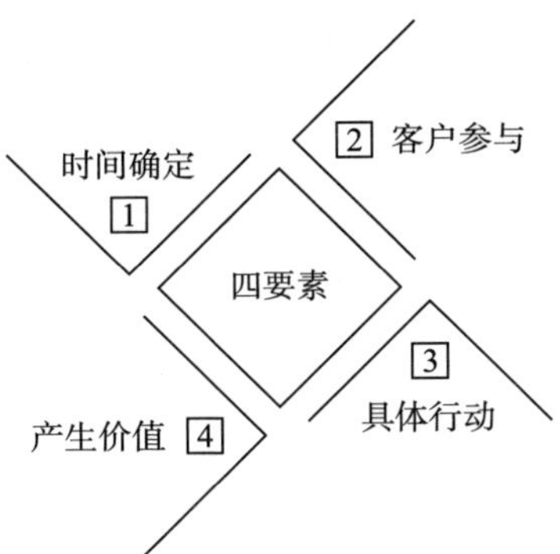

图 1－4　客户承诺四要素图

第二章
项目选择与立项

第五讲　项目评估三原则

张涛是某一线楼宇智能控制系统制造商华东区的大客户经理，近年来他一直很苦恼，因为在他负责的区域内有一家二线外资品牌的友商，一直跟他的项目唱对台戏，项目报价永远比他低15%。虽说注重品牌、关系好的客户不太会动摇，但是张涛确实感到了巨大的竞标压力。

有一个超五星级酒店的项目机会，业主聘请的是国际著名酒店管理公司进行管理，因此对楼宇智能控制系统的美观便捷、系统一体化、总体造价优化都有比较高的要求，同时对系统中关键的人体感应和中控软件部分，也有明确的品牌要求。而这家友商的报价只有500万元，张涛所在公司的成本价都不止这个数，光软硬件成本就在550万元左右，而且集成非常复杂，项目要不要立项呢？

所谓立项，就是选择值得投入的项目。因为一个项目从开始到结束，有三个成本：时间成本、资金成本、机会成本。首先，一个项目从头到底，少则几个月，多则几年，在时间上的投入是非常大的。其次，做项目一定会花钱。有工资、厂房、办公等固定成本，跟客户沟通有交际成本。最后，机会成本。什么叫机会成本？你把时间与精力投在这个项目上，就没有时间投入到另一个项目上，如果最后在这个项目上没有收获，那就失去了在另一个项目上成功的机会。早年我跑工地，看到一个销售人员因为丢了一个自认为十拿九稳的订单而失声痛哭，后来才知道这个项目她跟了两年，自己贴钱花了十几万元，本打算靠高额佣金挣回来。因此，我们最好在项目开始的时候就设法避免这样的损失，少做无用功，使得投入的成本最终有回报而且要高回报。

首先，工程建设项目甲方、总包、设计、监理涉及客户方很多人，你的沟通成本会很高。其次，客户关系难以延续，项目大部分是一锤子买卖。当然，可能会有一期、二期，但是间隔时间长，这个项目没有成功，想要在下一个项目延续关系，难度比较大，可能你认识的人换了，即使没有换，感情也淡漠了，所以你的费用是没有办法在其他项目中分摊的。客户说："这次没机会合作，下次优先选择你。"哪有下次，这只是不好意思的托词。因此，工程项目建立客户关系的风险大、成本非常高。好的销售人员和差的销售人员在项目开始阶段就立分高下，有的人做项目10 个中 7 ~ 8 个都是大项目；而有的人做的都是小项目，成功率也不高，甚至颗粒无收。

而业绩跟每个销售人员的命运息息相关，提高销售业绩从项目评估开始。预计销售额 = 销售额 × 成功率，项目选择和两个因素有关：一是销售额；二是成功率。基于这两个因素，我们提出项目筛选三原则：规模、定位、竞争。

首先是规模。包括实现的订单大小、利润率、客户偿付能力、潜在商机。首选利率高的大项目，投入产出比更高。有些客户会明确地告诉你，一年后才付货款，即使货款安全有保障，你也不得不考虑公司的现金流问题；如果客户的信誉有问题，那100% 不是你的目标客户。还有一种情况，这个项目不一定给你带来太多的生意，也许还不太挣钱，但会有潜在商机。例如地标性建筑、奥运场馆对你来说就是一个可以炫耀的成功案例；或者通过某个小项目可以借机进入客户供应商的体系。因此，规模应该从两个维度来考虑：目前的销售规模和未来的销售机会。

其次是定位。通俗地讲，定位就是门当户对，客户的需要是否与你匹配。你的技术参数也许无法达到客户的要求，技术这一关通不过，只能放弃。客户以前主要用什么品牌？是国产品牌还是国际品牌？最关键的是预算水平，能买得起你的产品吗？工业项目、民用住宅、公共写字楼还是剧院，哪些建筑类型适合你？客户是做高端地产还是经济适用房的？你的产品定位与客户能否吻合，这些也许你是清楚的。还有一条也很重要，业主或设计有没有话语权。例如一些垫资项目是总包说了算，如果你的价格没有竞争力，就只能放弃。

最后是竞争。你进入的时机是早还是晚？项目采购流程很长，如果是项目立项时就介入，对客户就有先入为主的影响力，成功的概率较大。是否与该客户合作过？与客户是一般合作关系还是战略合作关系？合作有多久了？有哪些友商参与竞争？友商与客户关系如何？举个例子：客户的亲属或朋友做着和我们相同的生意，客户在友商持有股份，或者你与正在竞争的友商在品牌定位上不分上下，但对方有较大的成本优势，或者友商喜欢价格竞争，报价比你低 10% ~20%。碰到这类对手，你获胜的希望就小一些。

某高档厨卫家电企业一个项目的立项标准，要考虑如下条件：规模：300 套精装、付款方式好；定位：精装标准要达到 2500 元/平方米，或楼盘档次高，在市中心；竞争：战略合作的项目，或者进入项目时间早。

再回到开头的那个案例，是不是立项恐怕也要从规模和成功概率两个方面考虑：如果不挣钱，至少不亏钱；如果亏点小钱，至少付款条件好，未来有潜在商机，否则宁愿放弃项目或降低投入。我曾经遇到一个项目，客户坚持低价要求，否则就不予成交，并声称友商（与我们品牌定位相当）愿意低于我们最低报价的 15% 成交，最终我们放弃了。结果，友商在后期实施安装中由于成本问题导致内部协调问题不断，销售人员焦头烂额，客户非常不满，最终在二期更大的项目中客户重新选择与我们合作。

总结：

项目选择和两个因素有关：一是销售额；二是成功率。基于这两个因素，我们提出项目筛选三原则：规模、定位、竞争。如图2－1所示。

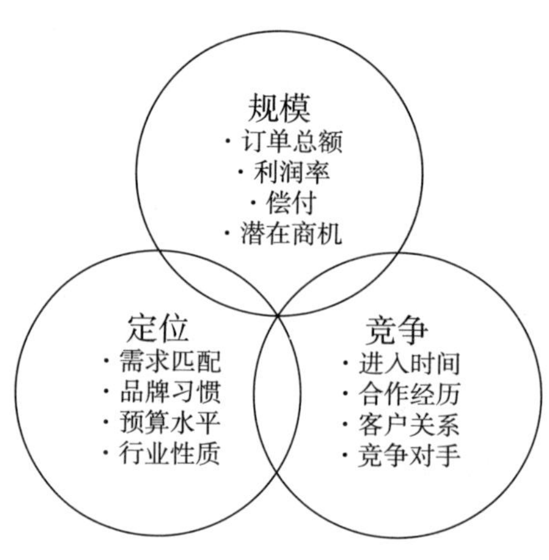

图2－1　项目筛选三原则

第六讲　判断项目价值的六个问题

男孩追求女孩成不成谁说了算？一般人说是女孩说了算，她可以选择接受或不接受；我说是男孩说了算，他可以选择追求也可以选择不追求。当然，男孩也可以选择死缠烂打。客户有选择供应商的权利似乎是天经地义的，供应商难道没有选择项目的权利吗？这个选择是双向的。当客户认同你的产品价值，我就愿意跟你合作。当某些客户不认同你的产品价值，把价格作为评判供应商的唯一标准，我也可以选择不跟你合作。

我们的销售人员更多的是被告知："不经历风雨怎么能见彩虹，只要有 1% 的希望，就要尽 100% 的努力。"但我更喜欢董明珠这个霸气的说法："推荐好东西，不要低三下四，能成交就成交，不能成交就下一个。你若信我，三言两语就能成交；你若不信，我就是把华夏五千年文明给你讲一遍，你也会说考虑考虑。"这难道不是我们做项目销售应该具备的心态吗？

因此，一个优秀的销售人员应该有亿万富翁的心态：我是财务自由的，我有选择项目的权利，如果条件对我不利，我不一定非得做这个生意。除了心态，在与客户沟通的过程中，还可以从以下六个方面来判断项目是否值得投入。

第一，对一些主动找上门的客户可以询问：是通过什么途径了解到我们公司的？如果一种回答是"是从网上搜到的"，另一种回答是"通过客户介绍的"，那么你觉得哪种项目成功的概率大一些？当然是后者。一般认为找上门的项目比你主动找的项目靠谱，其实很难说，对方有可能是找你陪标的，也有可能是问价的、免费咨询的、套方案的，我们未来会进一步讨论。

第二，了解他们的目标客户。如果他的客户是低端的，而你的产品是高端的，你觉得客户会购买你的产品吗？相反，如果他的客户都是高端的，而你的产品是低端的，他购买你的产品的可能性也很小。假如你是顶级橱柜的生产商，你的客户会是谁？是为低收入群体提供经济适用房的房地产商，还是做精装修房的绿城、做豪宅的星河湾呢？顶级橱柜的销售人员告诉我，碰到后者他们的项目中标没有悬念。我以前做厂房屋面墙面围护系统的销售人员时，医药行业的洁净厂房是我重点关注的行业，也做成了许多大项目，那些厂房洁净度达到一千级，欧洲和美国的药厂都是我的目标客户。

第三，最直接的是问项目预算。如果客户愿意告诉你预算，就容易判断出他是否能够买得起你的产品。如果客户不愿意回答，说“不方便”，你换种方式：“我理解。不过，对您的预算有一定的了解，可以帮助我们为您量身定制方案，有些功能可以简化，您说呢？”也可以在对方放松的时候问。敢不敢问是心态问题，如何问是技巧问题。

第四，了解项目的决策过程。可以这么问：“我们设备采购是如何决策的，都是通过投标的形式吗？”客户说，公开招标、网上投标、议标或者说最低价中标，哪种采购方式对你有利，只有你自己清楚。另外，甲方自行采购、甲方定乙方采购或乙定乙购，总部集中采购还是总部定品牌分公司采购，客户的哪种决策过程对你最有利呢？我以前在外企500强企业做项目销售，最喜欢的是甲方自行采购，甲方定乙方采购次之，最恼火的是乙定乙购。另外，政府项目一般采用公开招标形式，操作空间比较小，如果厂家的实力过硬，即使前期没有做工作，成功的概率也很高。

第五，项目本身的定位是确定的。当参与竞争的其他品牌明显低几个档次，客户仍然花很多时间跟你讨论产品和技术方面的问题，也许是他们需要搞清楚某些技术细节问题，而你是他们最好的老师。还有一种情况，所有对手的品牌定位都高于你，客户一般不会买你的产品，你只是客户用来打压其他供应商的武器。询问有哪些商家参与竞争的时候，如果直接问：“这次有哪几家单位参与竞争？”可能对方不愿意回答，不妨这么问：“您如何看待我们与其他供应商之间的区别呢？”

我有个学员，她代理某进口品牌高档检测仪器，每台仪器两百万元以上，代表他们这个行业的最高水平。在她刚开始干销售的时候，也碰到过客户花很多时间跟她讨论产品细节问题，她自己搞不定，还请公司资深技术人员协同拜访，不过客户最后都是买了国产品牌，因为国产品牌价格低。后来她有经验了，第一次拜访以后都会去客户的实验室看看，看客户目前正在使用什么样的仪器，如果还在使用国产检测仪器，又没有合理的理由买进口的检测仪器，她往往会主动放弃这个客户。

第六，了解目前采购流程处于什么阶段，是立项阶段、初步设计还是正式招标前。立项阶段可以占个先机；而初步设计是为了满足编制施工招标文件、主要设备材料订货的需要。也就是说，需求已经确定，在初步设计以前还有机会，初步设计以后要改方案、改配置难度很大；如果到了正式招标前，陪标的可能性就很大了。

总结：

在与客户沟通的过程中，从以下六个方面来判断项目是否值得投入：怎么找到我们的？你的客户是谁？本次采购预算？采购如何决策？项目档次定位？处于什么阶段？

第三章
收集项目信息

第七讲　需要了解的五类项目信息

以前我手下有一个销售人员，跑一个位置比较偏的工地而且去得也早，友商都没有注意到这个项目，他跟项目甲方很熟，隔三岔五到工地上甲方的办公室拜访。后来友商听到消息闻风而动，到了后期他几乎天天就坐在甲方工程部的办公室里，其他厂家的销售人员都误以为他是甲方工程部的人。其实他的手段不是很高明，只是运气好，碰到的友商销售人员信息收集水平太低。

厂家对项目完成立项，销售流程就进入收集信息阶段。我们把项目信息分为公开信息和私密信息，也可以分为公司信息和个人信息。

公开信息是大家都能获得的，客户愿意公开的信息，或者说获得信息的难度不大。而所谓私密信息，获得的难度比较大，但是信息的质量也比较高。在一些项目里，友商成功了而你没有成功，那么差距有可能是在私密信息，别人获得了你没有的信息。高质量的信息就是竞争力，可以使得你在项目中占据先机。

公开信息只要你开口问，对方一般会回答；还可以从公开或半公开场合获得，例如企业年报、设计方案、设备与材料清单、技术说明、招标文件。

私密信息获得的难度比较大，例如客户内部决策流程、决策人到底是谁，谁会对决策人造成影响，这个项目的预算大概是多少，友商的信息是什么，甚至更加私密的信息。如果在投标前你能获得关键的信息——友商的报价，成功的概率就大大提高了。私密信息可以扭转乾坤，获得这些信息需要有一些特殊渠道。

我有个做水泥钢材基础建材的朋友，供职于某大型材料公司，他们投标的都是高铁、高速公路等国家重点项目，这些项目工程量极大，但都是最低价中标。大家知道现在产能过剩，竞争激烈，水泥厂没钱挣，但水泥厂既要消耗产能，价格又不能太低，所以对合作单位的供货价格控制得很严。但我那个朋友很有手段，每次都能从上游水泥厂拿到他要的特价，为什么呢？他的投标十投九中，因此，水泥厂愿意相信他并支持他。

一个工程项目需要收集的关键信息主要由以下 5 部分组成，其中有公开的信息，但大部分是私密的信息：

（1）客户决策流程。谁决策、时间表和决策规则如何。例如初步设计何时结束？设计院与业主的图纸会审、业主对厂家的考察、确定入围厂家的时间如何？何时招标？谁采购？招标采用何种形式？有何特殊的规则？

（2）客户决策组织。参与项目决策的关键成员。除了业主决策层和管理层各部门以外，还有设计、总包（分包）、监理、招标公司等，还包括了解这些成员的背景（立场、角色、影响力）和参与项目各部门各合作单位之间的制约关系。

（3）竞争友商信息。有哪些友商参与项目；这些友商与客户合作的历史，与客户内部人员的关系；友商的产品使用状况，以及客户满意度；友商的新动向。

（4）客户需求信息。该项目品牌定位、采购规格、数量、预算；性能和功能；建筑类型和工况，需要解决的业务问题；个人动机和需求。

（5）个人信息。联系方式、年龄、生日、籍贯、毕业学校、健康状况；抽什么烟、喝什么酒、喜欢什么运动、其他爱好；家庭状况、性格、同事关系等。

最后分享一个我的学员的传奇故事。有天晚上 9 点多了，我的一个学员在微信上给我发了一条消息："陆老师，你有没有空？"然后我们通了电话。情况是这样的：他因为一个项目与甲方某主管副总联系，但关系一直不远不近，平时沟通都在办公室，没有非工作场所的交流。他加了对方的微信，晚上快 9 点的时候，他看到该副总在微信朋友圈发了一条帖子，他父亲住院开刀，但是缺某个血型的血浆，在朋友圈寻求帮助。很巧，我那个学员正是这种血型，他在电话中问我要不要帮这个忙，我说："无论如何你也得去一趟看看。"第二天上午将近 10 点的时候，我给他打了电话："昨天的事情办得怎么样？"他说："昨晚连夜开车 100 多公里到了那边的医院，去了以后那个副总非常吃惊。"他对那位副总说自己的血型跟副总父亲的血型是一样的，他过来就是想看看能否提供一些帮助，客户非常感动。验血后血型倒是一样的，但医生说血的质量不高，事情没成，那个学员留了 1000 元就回来了。从此以后，两个人的关系近了，不用说，他的项目也顺利做成了。

总结：

项目需要收集的关键信息主要由以下 5 部分组成：客户决策流程、客户决策组织、竞争友商信息、客户需求信息、个人信息。

第八讲 收集信息的六个途径

前面我们讨论了需要了解的五类项目信息，这一讲我们来讨论收集信息有哪些途径，如何收集项目信息。收集项目信息有以下 6 大途径：

（1）业主。业主是项目的发起者、评估者、考察者、采购者，涉及项目建议书、可行性研究、设计、施工、竣工验收的整个过程，同时要与设计、总包、监理、招标公司合作。毫无疑问，这是一个非常重要的项目信息来源，其信息质量也是最高的。

（2）设计院。一般比较大的项目在可行性研究阶段，设计院或顾问公司已经参与，所以他们能比较早地掌握信息，而且掌握的信息比较全面，还能影响业主的决策。与其建立长期合作关系，还能得到其他项目信息和线索。

（3）总包、分包商。由于总包一般是在初步设计、投标后才确定，提供的信息比设计院要滞后，最好在其投标前与其沟通信息。与大的总包建立长期合作关系，也能得到其他项目信息和线索。

（4）招投标公司。现在大部分项目必须走招投标流程。通过招投标公司的确能够获得项目线索，不过这样的线索往往更加滞后，友商前期也许已经做了工作，有效性会大打折扣。但有些有能力、有影响力的招标机构，代理的大项目多，信息来源也很广泛。

（5）信息公司。他们能提供详细的在建工程信息，包括工程类别、建筑成本、工程时间表和业主项目经理、建筑师等人的联系方式。这为销售人员节约了大量时间，虽然需要支付一些费用，但与销售人员的盲目扫街行为相比，总体成本还是合算的。顺便说一下，扫街这种方式，不仅效率低，也是最昂贵的跑项目方法。

（6）网络。政府招标网站、企业网站有公司新闻、上市公司的年报、投资动态、董事长讲话、新闻活动等内容。如果能看懂上市公司财务报表，几乎可以把客户研究透，以了解企业发展规划、项目投资等。

收集项目信息不止以上 6 个途径，甚至还可以与友商合作。过去我去买标书时，一般会跟客户聊一下；有时候也会碰到来买标书的友商，如果对方不忌讳，我很愿意跟他们聊几句，交流一下公开信息。有一次我碰到一个友商，互相交流以后还留了联系方式，由于资格问题他们公司无法参与投标，但他介入项目比我早，于是我周末请他吃饭，从他那里了解了很多我没有掌握的信息，给我们的投标工作带来很多意想不到的帮助。

收集信息有三个方法：面对面沟通、通过线人沟通、通过网络搜寻。

客户愿意公开的信息直接问就行，当然有可能对方在误导你，给你的信息是假的。至于私密的信息，通过线人是收集私密信息的一个重要途径，后续我们会继续讨论。也可以直接询问，但一般其限于公司的立场不方便直接告诉你，需要通过一定的沟通技巧获得客户真实的信息。

例如要了解当事人的决策倾向和立场，你不能这么说："你个人倾向国产品牌还是合资品牌?"对方可能不会正面回答；如果你这么说，比较容易获得其真实的想法："这事公司是如何考虑的?"或者"您对哪个品牌最熟悉?"你没有直接问他的态度，问公司的考虑他更愿意问答，公司的考虑其实就是他的看法。

要了解对方的决策地位时，你不能这么说："这事您可不可以做主?"这样会惹恼对方，但如果你这么说："项目的进展情况可否随时向您汇报?"或者"假如您关心的问题都解决了，是否还需要其他部门审核?"对方也许会这么回答："这样重要的采购还需要董事会讨论，最好安排双方公司的老板见面。"

"您对我们的方案有什么建议？还有哪些我们没有考虑到

的?”“您看我们该怎样向领导汇报这个方案?”当客户愿意给你建议和指导的时候，也就意味着他是你的支持者了，因为是他提的建议，你的成功也就代表他的成功。

如果要了解客户的决策流程，可以这么问：“我们以前的设备采购是如何决策的，都是通过投标的形式吗?”不要直接问：“这次有哪几家单位参与竞争?”不妨这么说：“您如何看待我们与其他供应商之间的区别?”

收集信息除了面对面沟通，还可以通过网络搜索：只要动动手指输入几个关键词，就能获得很多有用的客户信息。除了电话，网络时代产生了许多新的沟通方式，加客户的微信号，能获得对方很多有用的信息；通过参阅对方朋友圈的转发和日常生活动态记录，可以获得其爱好等日常生活信息和他的价值观。另外，还可以加入销售同行的微信群，这也是获得项目信息的一个重要途径。

接下来，讲一个如何利用网络等手段收集项目信息的案例。

小刘是某屋面墙面围护系统制造商的销售人员，从一位离职销售人员留下的客户名单中知道有一个×威生物药厂项目，客户联系人只有工程部赵工，没有具体的名字，其他项目信息基本上都是空的。小刘按照原来销售人员留下的电话号码打过去，听到的却是“您所拨打的号码是空号，请您查证后再拨”。于是他立即用 114 查询到了×威的总机，打过去后小刘说：“请您帮我接一下工程部赵工的电话。”接线员说：“集团没工程部。”小刘又问：“那集团哪个部门负责新建工程项目?”接线员说：“我们集团下边公司有 20 多个新建项目，你具体要找哪一家公司?”

放下电话，小刘通过网络搜索并登录了×威的公司网站，看到一条新闻，是集团投资10亿元的生物基因制品项目开工信息，参加厂房奠基仪式的有集团董事长、生物医药事业部总经理，小刘猜测这个项目很可能是集团生物医药事业部的项目。接下来，他又继续在百度搜索里输入关键词——×威、基因、设计院，跳出了一个付费信息网站。了解了项目的详细情况：其中有设计方现代院（设计师姓名不详），以及事业部、项目部的电话号码，同时了解到这是个2万平方米的高洁净度要求的GMP厂房。电话打过去，一位男士接听电话，小刘非常热情地说："我们是做厂房屋面墙面围护系统的，听说你那边……"还没等小刘说完，对方说"我们不需要"，且非常不耐烦地挂断了电话。

小刘再次打开搜索页面，输入×威、围护系统、洁净厂房，当搜索到第三页的时候，他看到一篇发表在《建筑技术》杂志上的论文，论文的标题是"生物制药厂房洁净室围护系统设计"，作者一共有两个人，其中一个是×威技术管理部的刘××。小刘通过总机找到他，说自己拜读了他发表在《建筑技术》杂志上面的文章，想了解下是否可以针对这个项目开展合作。刘××的态度非常不错，项目前期他还参加了可行性研究，他告诉小刘，这个项目土建和围护的选型应该是在现代设计院土建马主任那边，而生物医药事业部项目部负责土建部分的是一个叫薛×的人，他还将这两个人的电话号码告诉了小刘。于是，第二天小刘先拨通了马主任的电话……

总结：

收集信息有六个途径：业主、设计院、总包分包商、招投标公司、信息公司、网络。收集信息有三个方法：面对面沟通、通过线人沟通、通过网络搜寻，如图 3－1 所示。最后提醒大家，收集信息有四个注意事项：能前期问的就不要后期问；能从其他渠道了解的就不要问客户；能从基层了解的就不要问高层；能从网络上了解的就不要当面问。

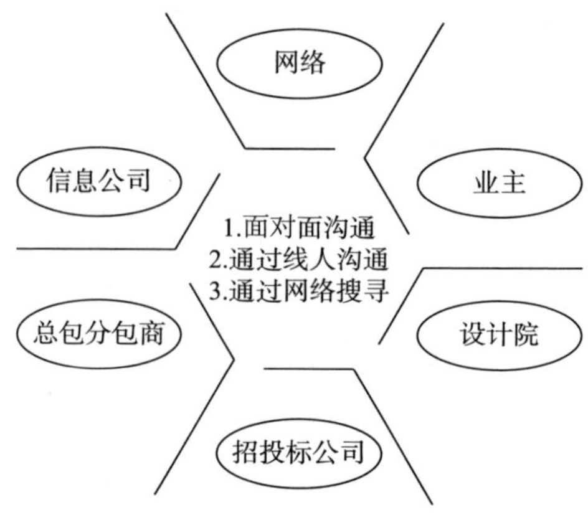

图 3－1　收集信息的途径和方法

第九讲　收集私密信息的路径

私密信息一般是从客户方内部的人那里获得的，这些人被称为线人。线人的范围很广泛，包括甲方基层、门卫、前台、设计师、长期合作的总包分包商等。同时也可以从与甲方密切合作的供应商那里获得信息，例如非竞争同行水泵和阀门、卫生洁具和瓷砖、电梯和中央空调。私密信息获取的原则是从低到高、从易到难、从容易相处的人开始切入。

谁是提供消息的线人？第一次见面愿意为你搬个椅子或倒杯水，对你表示同情、愿意倾听、面相和善的人。我记得以前大热天跑工地的时候，进工地前我一般会买一盒棒冰，从楼上跑到楼下，门卫、业主、总包、监理，反正看到一个我发一个。因为棒冰会化，对方一般都会收，因此拉近了彼此的距离，其实费用也不多。

虽然说与线人沟通的难度系数不高，可能大家是年轻人、校友、同行、半个老乡，对你有好感有眼缘。我本科是在同济大学读的工民建专业，这是我们学校的大专业，后来我又在设计院干了十年，因此在项目中找到校友、同行的概率很高。但是由于线人地位所限，提供的信息质量不高，可能是不确定的信息、过时的信息、带有其主观想象的信息，甚至是假的消息，所以信息最好有多渠道来源，多个线人来交叉验证。

另外，与线人的沟通必须是单向的，也就是说，尽可能获得对方的信息，注意不要透露自己的信息，你不能确定对方是否会把你的消息告诉友商。说到此处，再加一条，与同事拜访客户时不要在客户办公场所商量项目的事情，尤其是在电梯里，因为你根本不知道对面那个人是谁。投标的标书不要太早递交，避免信息泄露。

通过线人获得客户内部的信息，再通过他引荐与客户中教练见面那是最理想的。所谓教练，是指客户中不满意现有供应商，或是新的供应商可以为其带来好处的人或者部门。教练处于业主的中高层，可以提供行动建议，对决策者有影响力，也可以是有影响力的设计师或设计院。教练提供的信息质量比线人要高，因为他们能参加一些高级别的会议，所以能提供有效和独特的信息。

有的读者说："友商和客户关系上上下下都搞定了，我们没什么机会了。"我说："要搞定客户所有的部门、所有的人，从资源上来说是不可能的，要搞定也一定是搞定他们认为比较重要的人，一定有人被忽略。另外，在客户内部人与人之间、部门与部门之间有天然的派别，他搞定的人中一定有与其有矛盾的人，我们就是要找到这样的人。"

我有一个做药的朋友，他们每年都会邀请一些医生在风景这开学术会议。今年邀请的可能是这个科室，下一年就会邀请另外一个科室。但是，他又邀请一些自己认为比较重要的人每年都参加，没有被邀请的人就会非常不高兴，感觉被忽略了，然后就成了友商的支持者。

前面说过获取信息的原则是从低到高、从易到难、从容易相处的开始。那有没有反过来的呢？有些销售人员比较擅长高层销售，从高到低、从难到易，直接从高层切入获得支持。与从客户的最低层次开始接触的销售相比，一开始就直接向高层销售，能缩短销售周期，提高拜访效率。而大部分销售人员只会致电自己喜欢或是处境相似的人，人们都喜欢和对自己和善的人相处，如果能抛弃这个舒适圈，你的业绩就比一般的销售人员高出一截。

有一次我去拜访客户，那时比较年轻，初生牛犊不怕虎，正好看到局长的办公室门虚掩着，敲敲门直接闯了进去。我自我介绍后局长也没生气，只是非常和蔼地跟我讲："这件事情要找下面某某部门的某某处长。""对不起，打扰了。"然后我冒失地说："您应该不会介绍我与处长认识吧？"但是这个局长非常有涵养，他真的把我从三楼带到二楼介绍给处长认识。处长见到我和局长走进房间的时候，眼睛瞪得很大。接下来，我跟处长的沟通非常顺利，生意也做成了。最后处长问了我一句："你跟我们局长到底什么关系啊？"我说："哎呀，没啥关系。"处长说什么也不相信。这种情况也是个例，前提是这个公司上下级的沟通不顺畅。

总结：

私密信息获取的原则是从低到高、从易到难。一般是从客户内部的线人或教练那里获得的，信息要多渠道地交叉验证，如图 3－2 所示。

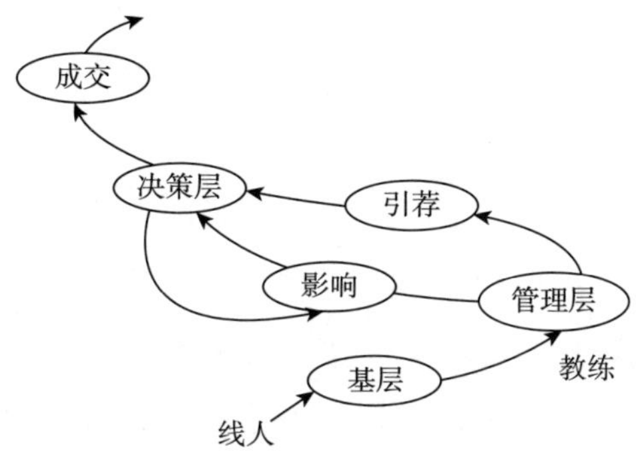

图 3－2　收集私密信息的路径

第十讲　合作教练的最佳人选

前面说了线人和教练，一个项目要成功，关键是要有教练，教练的角色归纳为：不但是信息的提供者，而且是关系的引导者、项目的推动者、结果的影响者。那么，什么样的人适合做教练呢？让我们给教练画个像，具体如下：

首先，他的层次。客户的组织有三个层次：操作层、管理层和决策层。线人一般来自操作层，教练一般来自管理层，也有可能是在决策层。管理层有资格参与决策会议，对公司的信息掌握得更加全面，可以提供有效的信息，也可以通过教练获得与决策者见面的机会，对决策层有一定的影响力。

其次，他的动机。他为什么要帮助你？与线人有所不同，教练帮助你的动机更加强烈。第一，有可能是他跟你投缘，觉得你还不错，愿意帮助你。第二，认可你所在企业的品牌，有品牌忠诚度。第三，利益的驱动。当然，我们这里要强调的利益驱动不一定是金钱，有可能是通过跟你合作，他自己能力有提升或者在公司的地位有提升。第四，是对友商的产品和人员不满。这些都是教练帮助你的动机。

曾经有一个安防监控系统项目，友商做了很多的工作，主要做的是甲方科技处的工作。友商对我说这个项目你们没有机会，我知道他们与科技处关系很不错，于是我去找财务处："领导，他们说这个项目已经决定用某品牌了，我们没有机会了？"财务处处长的脸当时就拉下来了："你别管别人怎么说，你们就根据方案报个价。"等我刚出办公室，有一个人就追了出来，小声对我说："陆经理，你们的价格一定要有竞争力，否则……"我知道后面这一句是什么意思，"否则就没法帮你了"。后来我根据这个友商以前的报价，同时考虑这个项目他们前期公关的费用，报了一个比较低的价格，结果我们居然中标了。事实上，友商把重点放在科技处而忽视了其他部门的感受，引起了财务处的不满，虽然科技处负责技术指标，但财务处是关键决策部门。

前面谈了教练的层次和帮助你的动机，最后谈谈如何验证教练。如果你问客户："有几家单位参与竞标？"客户说："这个不方便说。""你看价格怎么报比较好？""越低越好。""到底招不招标？""很难说。"那这个人肯定不是教练。如果有一个人主动跑到你面前说："听说你们在找教练，你看我行不行？"那你怎么办？这个人究竟能不能成为你的教练需要验证，因为有真教练，也有假教练，真的是来帮助你，假的会把你带到坑里去。

验证教练有一个重要原则：听其言更要观其行。验证教练有三条判断原则，第一，他有帮助我们成功的动力吗？也就是说，他有个人动机吗？第二，他对决策层有影响力吗？第三，他有帮助我们的具体行动吗？他能帮我们做一些事情，哪怕是一些很小的事情。

另外，一个合格的教练往往也是非常低调的，他往往是暗中支持你。因此，厂家销售人员首先要自己的工作过硬，不让支持者和教练做本该由销售人员完成的工作，尽量让教练做顺水推舟的事情。公开场合避免与教练亲密接触，为避人耳目，拜访客户不要只找教练沟通，一般先找关系一般的沟通，然后再找教练。哪怕昨天晚上你们去喝酒聊天，也要装作不熟悉。行内有人开玩笑说："跟教练的沟通不是沟通是密谋，跟教练的见面不是见面是接头。"

接下来，有一个案例请各位思考一下。

某新建五星级酒店需要采购中央空调系统，该采购由业主总部的项目管理部副总直接负责，总部机电造价师小李和项目经理王经理负责采购和招投标工作。我是某中央空调机组的销售经理，项目跟踪已经有三个月了，主要是与项目部的王经理和小李沟通，与总部负责项目的副总只见过一面，没有办法深入。

了解到副总是技术出身，非常在乎投标厂家的技术能力和成功业绩，前期报名投标的有六家公司，经过初选，确定三家公司参与投标，我们就是其中一家。

我与王经理的关系非同一般，吃饭、喝酒、桑拿等，每次都能满足其要求，通过与其沟通了解到：副总对我们公司有倾向性。我说希望能与副总深入沟通，王经理说暂时不用，因为他与副总是大学同学，会帮助我去影响副总，问题应该不大。

一次吃饭，王经理暗示我：想利用周末去避暑山庄放松一下，希望能一起去。目前针对王经理付出的公关费用至少有2万元了，估计我的直接领导——营销总监不会同意支付。我该怎么办？

这个案例在本讲我不做解答，读者们先思考一下，我在下一讲里再跟大家讨论。销售没有定式，我的答案仅是一家之言，所以大家可以提出自己的观点。

总结：

验证教练有三条原则：第一，他有帮助我们成功的动力吗？第二，他对决策层有影响力吗？第三，他有帮助我们的具体行动吗？验证教练的重要原则：听其言更要观其行。

第四章
项目采购组织分析

第十一讲　采购决策的四个关键节点

前面已经讲过，工程建设项目的采购，客户参与决策的人很多，除了业主，还有总包和分包商、勘察设计、甲方请来的监理、招标公司、造价审计等；决策过程复杂且漫长，从项目立项、方案、初步设计一直到竣工验收；材料采购的方式有正式的招投标，有议标，有些是甲方直接采购，也有甲方指定由乙方采购。

而分析客户采购组织对项目销售的成功至关重要，接下来我们介绍用于分析采购组织的5个模型：采购的决策流程、成员角色、立场、内部政治、影响力。采购组织的第一个模型：采购的决策流程。其中有四个关键节点：技术决策点、入围决策点、中标决策点、政治决策点。如图4－1所示。

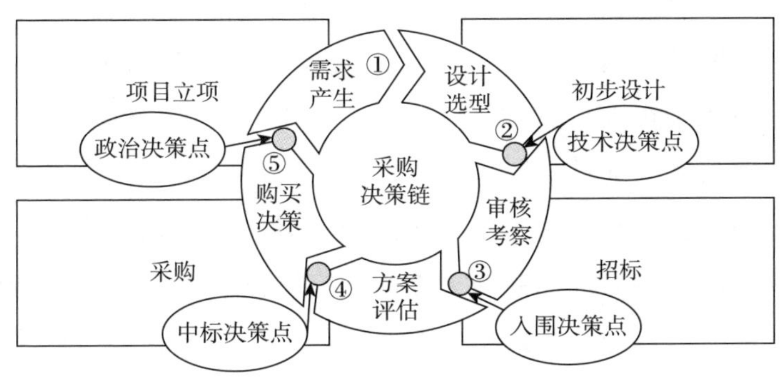

图4－1　采购决策链示意图

工程建设项目采购由需求产生、设计选型、审核考察、方案评估、购买决策5个阶段组成。客户如何决策？采购如何向前推进？可以用“2W1H”对每个阶段进行概括分析，即谁决策（WHO）、什么时候决策（WHEN）、如何决策（HOW）。

第一，需求产生的立项阶段。我们需要了解项目背景等基本情况，如谁立项，谁投资，立项时间。销售人员在这个阶段属于早期进入，有利有弊，好处是先入为主。项目初期一般是高层来立项，销售人员容易与客户的中高层建立联系，但是时间拖得久可能成本会更高，取决于你要做的项目是大还是小，如果是大项目，还是值得的。

第二，设计选型的设计阶段。我们需要了解谁设计选型，谁设计时间节点，如何选型。初步设计结束是第一个关键节点：技术决策点。设计或业主的技术部门参与评估标准的制定，包括定设备清单、定材料清单、定技术说明，招标文件也是以初步设计文件为依据。如果初步设计文件是友商参与编写的，选型和标准与你的产品有很大的需求偏差，那接下来方案评估就很被动，在最后的购买决策阶段就没戏了。同样，如果最后是总包、分包采购，总包没有根据你的产品和预算来投标，中标以后再改配置、改品牌相当难。也就是说，在初步设计编制前，销售人员就应该介入，否则就比较被动。但客户的决策点往往被销售人员忽略，我经常听到销售人员这么说：“总包还没有投标，施工单位还没有定，项目还早呢！”

要先于友商拜访客户，先于友商与客户进行技术交流，建立先入为主的影响力。在项目方案阶段，客户有要实现的目标和解决的问题，但他们可能找不到解决的办法或对选择哪种方案不太确定。例如建筑师对大剧场的空间混响、吸声找不到很好的解决方法，或者对写字楼的内隔墙是采用轻质砌块还是石膏板干墙系统比较犹豫。项目前期介入时，第一步要客户认可你推荐的方案。第二步再以差异化的优势建立壁垒，在同类方案中把友商淘汰。我以前做过轻钢龙骨石膏板隔墙的销售，在轻质隔墙领域有不少解决方案，轻质砌块就经常抢我们的生意。于是，我跟业主和设计师强调，我们是干法施工，速度快且不受气候的影响，同时更环保、更健康；轻质砌块自重大，而且用的是工业废料，不环保，使得客户从做方案开始就采用我们的产品和系统。

第三，审核考察和方案评估的招标阶段。审核考察是招标前的工作，一般由操作层负责收集信息和初选供应商，没有初步入围就直接出局。严格来说，这也是一个关键决策点。例如对大型地产公司来说，供应商首先要进入集团合格供应商名单，才有机会进入分布在全国各地的地产项目，管理层对候选供应商资格审查和客户考察后，选择有资格参加投标的供应商，这是第二个关键节点：入围决策点。没有入围就无法参与投标。

正式招标阶段，中标是第三个关键决策点，是议价还是招标？如果是招标，谁负责招标？评委由哪些人组成？能否准确地获得招标小组评委的名单？现在的评委都是电脑抽签的，要事先获得评委的名单很难。我有一些在专家库的朋友，我就这个问题向他们讨教过，其实关键还是看业主的态度，有些评标的标准本身不太明确和量化，有操作空间，业主评标人在标书里挑一点毛病或频频点头，其他评委都可以从中揣摩业主的立场。另外，供应商要特别关注评标标准和权重倾向，这其实体现了业主的意图与倾向性。业主关注什么，供应商就可以在投标文件中和讲标的时候不断强调自身在这方面的优势。

抛开投标前期的销售工作，投标本身就是一个技术活。除了遵循招投标程序和规则外，不要犯低级错误：提交标书迟到；忘带身份证；标书的签字盖章不全；标书中的资质证书过期；标书有文字错误等。我在现场看到过友商因为交通问题迟到了三分钟，结果被取消资格，前面三年的所有努力都前功尽弃了。

讲一个从同行那听来的八卦故事。一个投标单位投标前才知道某位专家评委，但无奈评委是不能带手机进入招标现场的，关系人无法联系上专家评委，怎么办？最后，通过专家评委的单位打电话到招标现场，但也是不能接，单位声称有重大技术问题，一定要找到那个专家评委，最终关系人和当事人接上了头。

最后一个关键节点是政治决策点。一般中标后就可以签合同了，为什么还有个政治决策点？这就是中国特色了，由决策层最后拍板。一些领导在项目前期立项时会介入，中期并不参与项目决策，却可能在后期介入项目，导致很多项目到了最后翻船。因此，大项目没有见到高层，那是非常危险的。

接下来，针对上一讲的案例，我给大家做一些分享。销售人员这笔钱要不要花？有的读者说一定要花，但你也有可能是白花的；也有读者说这笔钱不花，这个项目就拿不到了，前面的钱也白花了。因此需要验证王经理是不是教练，怎么验证呢？第一，他有帮助我们成功的动力吗？案例里谈到一些利益的牵扯，好像有。第二，他在采购决策中有影响力吗？这个很难说，因为他说跟副总关系很好，只是一面之词，需要验证。第三，他有帮助我们的具体行动吗？到目前为止，我们没有看到，需要验证。如何验证？我建议有三招：第一招——要求高层互动。你可以这么说：“领导，你看这个项目我也跟这么久了，我们营销总监也一直在问，能不能安排我们领导和你们副总见面？”如果他同意安排，说明他有具体行动，也有影响力，那么我的建议是这笔钱就该花。

如果王经理说：“最近我们领导比较忙，放心，下个月尽量给你安排。”这个情况怎么办？用第二招——画饼。或者用第三招——哭穷。你可以这么说：“领导，不瞒你说，最近我谈了一个女朋友，手头有点紧，上次费用一直都还没报。要不这样，你先垫上，回头我帮你报销。”同时也可以找小李或其他部门去摸摸底。各位读者，你有什么好的办法吗？

总结：

分析采购组织有 5 个模型：采购的决策流程、成员角色、立场、内部政治、影响力。采购的决策流程有四个关键节点：技术决策点、入围决策点、中标决策点、政治决策点。把握这些关键节点，对项目的成功至关重要。

第十二讲　采购组织三三矩阵分析

前一讲我们讨论的是客户决策中要注意的四个关键节点，接下来我们介绍用于分析客户采购组织的第二个模型：成员角色。客户的采购组织一般有以下几个角色：批准者、采购者、技术者、使用者。举一个例子：某公司要给销售人员换新的手提电脑，总经理请有关部门来开会讨论，看看买什么样的电脑好。销售部经理说：“最好配苹果电脑，高端大气上档次，还轻便，出差也比较方便。”IT 部经理反对说：“苹果电脑和公司 CRM 系统不兼容，要买就买 THINKPAD，性能稳定、服务好。”采购部经理最后发话了：“只能买国产二线品牌，预算摆在这里。”结果谁也说服不了谁，吵得不可开交。最后总经理一挥手说：“暂时不买了。”总经理、销售部经理、IT 部经理和采购部经理分别代表决策者、使用者、技术者和采购者的角色。

批准者对采购有最终批准权，拥有一票否决权，也可以力排众议，说“同意”并使之变成现实，所以有人说项目销售搞定领导就行了。首先领导不好搞定，其次领导日理万机。他只关注影响项目总体投资回报和重大成本的采购，一般采购向下授权，小项目高层之间的见面纯粹是礼节性拜访，实质性的内容其实都已经谈完了，但对重要的采购来说，那就另当别论了，一定会涉及高层销售。销售人员与客户的高层沟通需要注意以下几点：

（1）强大内心。“我的级别与董事长、总经理相差太远”，为了级别对等，即使在你的名片上印上总监、总经理的抬头，你仍然没有自信。其实高层也是普通人，以平等的态度与其对话就行。

（2）前期准备。与高层见面前做点功课：行业趋势、国家政策、标杆企业、个人背景。到客户的网站浏览一下，如果你能提出类似以下问题，高层一定会对你刮目相看，也愿意跟你深入沟通：“张总，我对您上次行业峰会的某个主题演讲很感兴趣，您说到某某观点我很有同感……”还有同行的消息：“张院长，您听说了吗？省人民医院最近也购进了我们两套一体化手术室……”客户总是对同行比较好奇，讲点同行的八卦故事也不是不可以。

（3）专业形象。理解高层对未来和投资回报的关注，将思维调整至战略层面，提出类似以下这些问题：您对最近行业内两家公司合并有什么看法？您如何看待行业趋势？咱们公司未来业绩增长来自哪里？千万不要问高层基本信息，如项目投资多少、什么时候招标，也不要问技术细节，一问，高层马上让你找技术部门交流。

（4）整合资源。如果确实自信心不足，就引进外部专家；带上你的老板或让老板带上你，拜访结束不要忘记写封感谢信。

采购者最重要的工作是控制采购成本，在满足技术标准的前提下，价格越低越好，付款时间越长越好。他们管理采购流程、负责商务谈判、实施采购，但不一定是说话算数的人。这是一群对价格了如指掌，对价值一无所知的人，他们最大的贡献就是把价格砍下来。

谁最关心你的价值，你就选谁沟通。你的设备最大的特点是效率高，谁关心效率？使用者。你的设备运行稳定，好维修，谁关心这些就找谁。项目中的招标公司是业主采购部门的外部组织，有些大宗的材料和设备是甲方直接采购的，例如电梯、中央空调、装饰石材花岗岩等。有些是间接采购的，是总包、分包自己采购的，例如基础建材水泥、钢材或一些小额采购。如果你的产品被归类为总包、分包采购，而总包关注的是利润空间、付款方式，一些以品牌和质量优势见长的供应商是比较吃亏的。因此，如果能改变采购方式，例如业主指定，就是一个很好的策略。

某成套设备制造厂要购买板式空气过滤器。客户找到 A 品牌和 B 品牌提供样品，并进行测试。A 品牌提供的是化纤过滤器，B 品牌提供的是玻纤过滤器。测得 A 品牌化纤过滤器的初始效率为 93%，而 B 品牌玻纤过滤器的初始效率仅为 65%，要提高效率必须采用更大的风机，成本更高。但玻纤过滤器效率稳定，而化纤过滤器虽然初始效率高，但在使用一段时间后效率会大幅衰减，设备使用者的后续保养运营成本会更高。该客户是设备厂家，关心的是成本，设备交付时只需满足初始性能验收即可，所以倾向采购 A 品牌的化纤过滤器。但 B 品牌销售人员找到设备实际使用方说明情况，最终甲方指定设备商采用 B 品牌提供的玻纤过滤器。

技术者负责制定技术标准、评估产品，衡量解决方案是否满足要求，根据技术规范行使否决的权利，但没有决策权，可以说“不”，不可以说“是”。他们是技术看门人，这一关过不去，下面基本上就没戏。因此，有些技术者有错觉，将拥有局部说“不”的权限视为决策权。技术者关心产品的性能、指标、成功案例、第三方技术验证。设计院是业主技术部门的外部组织，设计师素质高，因此要求销售人员有专业和严谨的态度，一般以举办产品技术交流会和1对1个别沟通相结合。

使用者指产品的实际使用者和评价者。他们关注质量稳定、售后服务、使用方便、减少麻烦，最不关注的是价格，甚至觉得越贵越好，质量好，服务也好。如果是新建和扩建厂房设备项目，生产部门是使用者；如果是住宅，购房者是使用者。其实客户的角色也不一定分得这么清楚，有可能是一个人有多重角色，例如业主的采购部、技术部也是大楼的使用者。

采购组织从管理层次分析，分为决策层、管理层和操作层，如图4－2所示。决策层可以直接做出决定，不需要再请示其他人，可以说“是”，也可以说“不”，但不会轻易地使用决策权或否决权。在国企项目中，决策层的上级领导可能只关注是否专款专用，是影响者，但要施展其影响力，有可能变成最终决策者，原来的决策层变成了执行层。而管理层对不太重要的采购具有最终的决策权，大项目中中层是执行层、总经理是决策层；小项目中办事员是执行层、部门领导是决策层。另外，招标前审核考察一般由操作层负责，收集信息、初选供应商，决定谁初步入围、谁直接出局。

总结：

三三矩阵是指客户采购组织的三个角色，即采购者、技术者、使用者，其角色特征和关注点各有不同。另外，从管理层次可以分为三个层次：决策层、管理层和操作层。决策层也会随着项目大小而往上或往下移动。

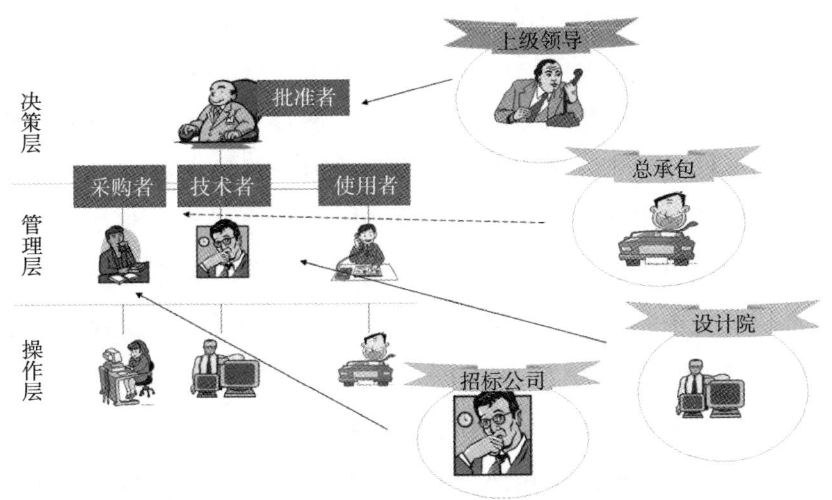

图4－2　采购组织管理层次分析图

第十三讲　如何在客户内部建立同盟

接下来，我们介绍用于分析客户采购组织的第三个模型：立场。如果客户中没有人帮你说话、指点迷津、那么销售人员要想成功基本没戏。如何在客户中找到支持我们的人呢？对你有好感的人，可以成为我们的线人；可以成为教练和坚定支持者，是对友商不满或被其忽略的人或部门，或有一定的利益诉求，同时他们在客户组织内部有一定的影响力，可能是业主某部门的某个人或者是设计师、总包、监理。有这样一个公式，采购影响力 = 立场 × 影响力，如果得到董事长的支持，你还能不成功吗？

有一个不大不小的项目，一家终端配电箱的企业通过关系找到分包负责电气项目的副经理，副经理愿意帮忙，并表示在以后的项目中也可以长期合作。果然，在这个项目中双方合作很顺利，关系也不断升温。后续有些合作但都是些小单子，销售人员认为最终还是要得到项目经理的支持，便直接找了项目经理，渐渐忽略了副经理，导致副经理不满，转而支持另一家公司，最终完全中断了合作。

采购组织成员的立场按照支持程度不同可以分为粉丝、不反对者、中立者、反对者、死敌，如图4－3所示。所谓粉丝，其支持具有唯一性和排他性，坚定地支持我们并当众抵制友商。粉丝更多的是暗中支持，每个人都有对自身环境的考量，当他感觉不太安全的时候，出于自我保护不敢公开支持也是合理的；不反对者在态度上支持我方产品或方案，但他可能支持几个品牌；更多的是中立者，其态度上不偏向于任何一方，但完全的中立也不存在，他们往往是墙头草，是要争取的对象；反对者在态度上不支持我方产品或方案，可能是对我们有些误解和不了解，只要真诚地沟通，也是可以争取的对象；而死敌坚定地支持友商，并有可能当众抵制我们的方案。

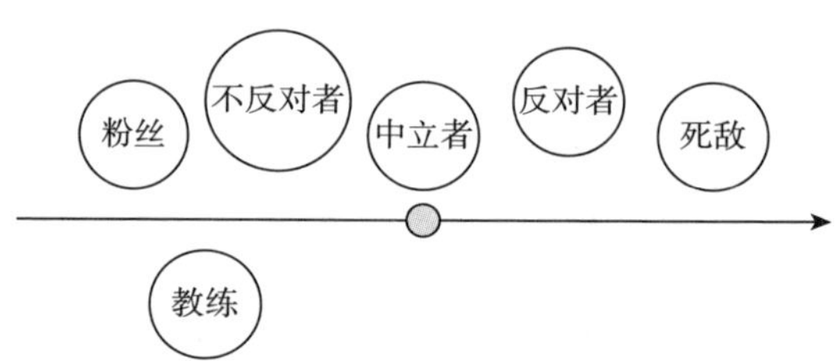

图4－3　采购组织成员的立场

因此，建立同盟的策略是统一战线：巩固支持我们的力量，让他们成为我们的粉丝和铁杆支持者，争取摇摆不定的力量，例如对待中立者和反对者，建立最广泛的同盟，孤立和削弱反对我们的力量，让死敌成为中立者，这也是一个胜利。其实，在项目中你很难搞定所有的人，有人支持你就一定有人反对你。有读者问："能不能做骑墙派，不找支持者，也不得罪谁。"我说："没有人支持你，九成会输，还有一成可能赢。"例如正在 PK 的双方势均力敌，都有比较硬的关系，业主感觉很为难，干脆都不选，选一个没背景的人都不得罪。不过这样的概率很小。我的建议是：形势不明朗时可以不表态，未来根据事态再做行动。

既然死敌是我们项目成功的大敌，接下来介绍应对死敌的四种手段：

（1）屏蔽策略：高层权力运作调离或屏蔽死敌。

一个支持者被友商屏蔽的案例：廖某是一家从事建筑紧固件公司的大客户总监，一家钢构公司是其最大的客户，主管的刘副总与廖总关系很铁。最近这家公司又要上新项目，刘副总第一时间把这个消息通知了廖总，说招标由他主持，这次还会用他们的产品。事情进展很顺利，一切都在按照计划进行。几个星期以后，廖总收到刘副总的邀请参加投标。当廖总做好标书准备动身的时候，突然接到了以前从未打过交道的技术部王总工打来的电话。王总工说公司临时有急事，刘副总已经被派往外地出差，标书要交到技术部，招标也由他来主持。廖总马上给刘副总打了个电话，刘副总在电话中显得很无奈，说新上任的总经理要插手此事，所以才故意把他临时调开，并委派亲信主持招标，他可能帮不上什么忙了。廖总顿时就蒙了，没有刘副总的协助，投标的结果也是可以预料的。

（2）绕过策略：绕过他意味着向上寻找权力比死敌更大、对死敌具有制约作用的人。曾经有个项目，副主任是我的支持者，但新来的主任与友商的代理商关系很密切，而且攻势很猛。我也知道无法搞定主任，但是通过副主任引荐，我直接找到主管院长，提出设备售后服务和保养需要，直接与供应商签合同最有利，同时在价格上还更透明。最终院长同意与供应商直接签合同，友商的代理商由于没有了动力，慢慢对项目也就不上心了。这个项目最后我们以较优惠的价格直接拿下，主任也就不好说什么了。

（3）孤立策略：暗中发展死敌之外其他部门的人的关系，使其他部门的人都成为我们的支持者并与死敌唱反调。有时候下属都支持某一品牌，领导就是想支持另一个品牌，也会因怕担责任而避嫌。

（4）拉拢策略：死敌很难被转化为我们的支持者；他的亲属或朋友可能做着和我们相同的生意；他在友商公司可能持有股份；他与友商有着深厚的个人关系；死敌能成为中立者或者闭口不说话就不错了。

总结：

客户采购组织分析中，采购成员的立场按照支持程度不同可以分为：粉丝、不反对者、中立者、反对者、死敌。要巩固支持我们的力量，争取摇摆不定的力量，建立最广泛的同盟，孤立和削弱反对我们的力量。

第十四讲　如何应对客户的内部政治

接下来，我们介绍用于分析客户采购组织的第四个模型：内部政治。客户内部政治包括客户之间的关系、工作分工、调动升迁等，这些都会对供应商的业务产生直接和间接的影响。

以下案例就说明了这个问题。

经设计师推荐，A低压电气公司销售人员拜访了业主的机电经理F，在展开了一系列的公关手段并邀请其到惠州工厂参观之后，F对A企业产品比较认可，并于2010年开始采购，总计150万元。但业主的采购部经理Y对A企业一直不支持，A企业几次打电话预约拜访都被拒绝。据其他人反映，Y在公司内部的会议上经常反对使用A企业的产品，原因就是Y与F的关系不好，他们之间存在矛盾，使得A企业产品成为他们争吵的焦点，以至于在后来的两年时间内，A企业产品在这个客户的项目上都没有被使用。两年后F退休，客户内部没有人支持A企业，使得销售人员更无从下手。而此时Y却主动找到A企业的销售人员，表示之前因为与F的矛盾，对A企业的不正当评价都是出于个人的原因，并愿意与A企业继续合作下去。

在实际销售中，客户内部关系好的人，你可以要求他帮你引荐，朋友的朋友是朋友；与其关系不好的，要尽可能地回避，最好不要在他面前提到这个人，当这个人绕不开的时候，可以找一个技术人员以专业的名义与其沟通。事实上，在很多企业部门之间，例如销售和财务、销售和生产因为部门利益而有天然的冲突，供应商要尽量避免卷入其中，不过有的时候也不得不利用这些冲突找到支持你的人和部门。例如与他关系不佳的同事或部门在项目中支持友商，这个人或部门转而会支持我们。另外，客户组织变化，原来支持你或反对你的人升迁、离开或者调离，这些都会影响到供应商的业务，有些是正面影响，有些是负面影响。

某市一个市政污水处理项目，该工程项目总指挥（58岁）临近退休年龄，比较强势，副总指挥（50岁）是技术出身，调任项目筹建部不到两年，平时为人低调，不太发表意见，两人关系一直比较微妙。据说，总指挥退休后，将由副总指挥主持工作。从项目可行性研究一直到方案设计，A 公司一直深度参与并与总指挥建立了很好的关系。污水处理项目分三期实施，但一期投资额只占总投资额的 25%，一期要两年完工，很显然那时候总指挥就该退休了，二期和三期 A 公司能否继续参与很难说。于是，A 公司与客户达成默契，设法让一期项目投资从原来的 25% 扩大到 45%，既做大了项目，又由于前期项目透支，延迟了二期的开工时间，A 公司也有足够的时间与新的领导重新建立关系。

接下来，有一个案例请各位思考。

几年前，我曾经做过一个上海 H 中心幕墙项目，项目负责人是筹建部的李主任，潮汕人，他手掌重权，整个项目自立项以来都在他的指挥下运作，其他人根本无法插手。接触几次以后，我认定他就是主要决策人，多次拜访他，希望他能选择我们的品牌。尽管我一再努力，也非常真诚，但他根本就不搭理我，甚至连投标机会都不给。

我没有放弃，一直寻找机会。功夫不负有心人，就在我感觉无从下手的时候，机会悄然降临。“五一”前后，甲方集团公司从北京空降来一位新董事长雷先生，全面负责上海地区的事务。雷先生发现：项目的实际决策权都由李主任掌控，他根本就插不上手，雷先生想从材料供应入手，寻找突破口，借机将李主任换下。作为主要材料供应商的我们，很快进入了雷先生的视线，他暗示我打个报告，投诉李主任的违规操作行为，作为回报，他将在此项目中鼎力支持我们。如果是你该怎么办？

这个案例我是怎么做的，在本讲我不做解答，读者先思考一下，我在下一讲里再告诉答案。还是那句话：销售没有定式，条条道路通罗马。我的选择不一定是唯一的选择，大家可以提出自己的观点。

总结：

客户内部政治包括客户之间的关系、工作分工、调动升迁等，这些都会对供应商的业务产生直接和间接的影响。供应商要尽量避免卷入其中，不过，有时候也不得不利用这些冲突找到支持你的人和部门。

第十五讲　采购究竟谁说了算

接下来，我们介绍用于分析客户采购组织的第五个模型：影响力。所谓影响力，就是在项目采购中，哪个单位、哪个部门谁说了算。是业主、总包、设计、招标公司，还是监理？一般来说，花钱的当然是老大，业主说了算，但也要具体分析。

业主的影响力大小可以从以下三方面来分析：

第一个是考虑决策层次。是重大采购还是一般采购。在前面几讲中我们都有提到：决策层对金额较大的采购具有最终决策权，管理层对不太重要的采购具有最终决策权；大宗的材料设备，对施工进度配合要求不高的电梯、中央空调、幕墙等，业主的影响力大，基础建材水泥、钢材和小额采购，总包、分包说了算。另外，大小企业、国企、民企、外企，不同企业的管理风格各有不同，有些领导管得很细，大小事情都要抓，部门也是形同虚设，而有的领导更愿意授权。

第二个是决策导向。有些企业是技术导向，因为技术部门地位高，如果这个项目技术比较复杂，技术决策影响力就会更强一些；有些企业是成本导向，采购比较有发言权；有些企业是某个部门某个人有威望，他说话比较有分量，也有些人性格比较强势，喜欢出头。

第三个是决策流程。不同的阶段，不同角色的影响力不一样。在需求产生阶段，项目立项由决策层来推动，这个阶段高层的影响力最大；接下来设计选型的初步设计、审核考察、方案评估、招标都是由中层来实施和推动，但高层在后期重新介入项目，最终拍板。

说完业主，我们再来看总包的影响力。总包一般来说是中标以后才进入项目，它的影响力取决于以下三个方面：

第一，承包形式。主要有施工承包方式和设计施工一体化承包方式两类。前者业主的影响能力和话语权不强，后者正好相反，总包是代表甲方的角色。例如一些交钥匙的工程，还有一些政府投资的项目，甲方基本上不出现。即使是第一种施工承包方式，虽然总包的话语权不强，但在甲定乙购的情况下，供应商报价仍需给总包留出足够的利润空间，否则总包可能会强烈抵制你的产品。

第二，总包是否垫资。有些项目其实甲方是没钱的，需要总包垫资施工，这种情况下甲方基本上没有影响力，采购都是总包说了算。

第三，承包商的专业程度。例如做生物厂房、电子厂房的专业性很强，这类承包商属于交钥匙工程，为客户提供“全方位”

的服务，包括咨询、设计、施工总包，影响力比较大。

再说设计，按照现有法规，品牌唯一指定一般很难操作，因此近年来项目中设计师的影响力在下降，除非设计院总承包。从设计本身的影响力来说，室内设计师大于建筑设计师；大型设计院大于小型设计院；钢铁、电力设计院大于建筑、机电设计院；不发达地区的设计院大于发达地区的设计院；重点工程设计师大于一般项目设计师。评价设计师影响力大小的表现依次为：品牌唯一指定、参数型号指定、多品牌推荐、提供信息。

招标公司在招投标的时候有一定的影响力。在政府招标项目中，有些有能力的招标机构不但与政府的关系好，而且与评标人的关系也很好，甚至会左右评标的结果，而监理一般是在施工和竣工验收时有一定的影响力。

前面我们讨论了项目中业主、设计、总包等的影响力，接下来说说所谓的关键人。关键人是指在采购流程的某个阶段或者在整个阶段对采购决策有重大影响力的人，可以是决策者，也可以是对决策者有影响的人。要想找到关键人，一是分析判断；二是线人和教练的指引。如果能找到关键人，有的放矢地做工作，建立关系，满足其需求，未来项目的成功率就很大。

接下来针对上一讲的案例，我给大家做一些分享。

问题最终集中在要不要写这个投诉报告。我们办事处有两种意见：一种意见是要写，因为如果不写，就没有任何机会，业主里没有人支持我们，连投标机会都不给，现在有董事长撑腰，为什么不试一下；还有一种意见是不能写，因为投诉业主在行业里的影响是非常不好的，雷先生明显就是把我们当枪使，这样做得罪的是一大批人。即使项目做成了，将来也会有很多后遗症，比如收款问题，风险实在是太大了。我考虑了整整一天，权衡再三，最后还是忍痛割爱决定放弃了。

一周后我接到一个电话，是谁的呢？原来是李主任打来的。他说："小陆你来一趟。"我觉得很奇怪，他叫我干什么？每次找他都是爱理不理的，这次他竟然主动给我打电话了。

我去了以后，李主任说："前期工作下面做得不细，我们决定重新邀请你们公司来参加投标。"我当然很高兴，心想不写材料这个决定做对了，同时也很疑惑怎么会突然有转机呢？后来了解到，李主任其实知道我和雷先生碰了头，他也知道我没有写材料，因此就变被动为主动给我打电话。但是研究了标书以后，发现其中的条款我们很难做到，条件对我们非常不利，明显是陪标，因此我推托说："时间太紧，没有条件参与。"结果李主任说："那不行，你要写个为什么不参与的说明。"于是我编了个理由写了一个说明，我知道这个说明就是李主任的保险单。半年后雷先生调走了，项目还是由李主任主持，最后的结果是什么呢？这个项目二期，李主任还是给了我一个小单子，我想这也算是他对我的一种回报！亲爱的读者，对这个案例你有什么看法呢？

总结：

项目采购，一般来说业主的影响力最大，而业主内部的影响力与其决策层次、导向和决策流程有关；总包的影响力与承包形式、是否垫资和总包的专业程度有关；设计的影响力与设计院规模、所在行业和地区等有关。

第十六讲　客户组织五维度分析

前面几讲我们从 5 个维度，即决策流程、成员角色、立场、内部政治、影响力方面详细分析了项目的采购组织。如果销售人员能够画出项目五维图，如图 4 －4 所示，说明他对项目是了解的。项目关键决策点；甲方各个部门、总承包、设计、招标公司等每个单位和个人的角色；他们的立场是怎么样的？他们的影响力？谁是关键人？关键人和决策人的需求；采购组织的内部关系。对大一些的项目，都要有这张图来分析和讨论，随着分析越发深入，你的思路逐渐清晰，项目销售的策略方法也就形成了。

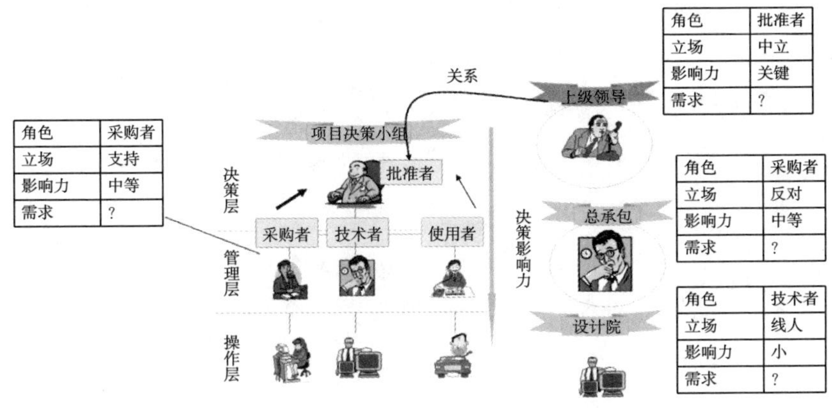

图 4 －4　项目五维图

接下来我分享的是曾经经历的“某市越江隧道工程项目”的案例，很遗憾这是一个失败的案例，但失败是成功之母，希望给大家一些启发。

项目背景资料：

某年 4 月，某市的一号市政工程——滨江路越江隧道开始进入内部结构施工阶段，依据设计方案，此工程将利用隧道拱形空间作为火灾的排烟风道，因此拟采用“植筋方案”实施风道结构的施工。所谓“植筋方案”，通俗地讲，就是以一种特殊配方的胶水将需要受力的钢筋锚固在隧道混凝土内壁中，然后进行风道结构的浇铸施工。由于此“植筋工程”的销售标的较大，为500万元人民币左右，而且市头号工程的广告影响力也是不言而喻的。故除A公司外，B公司和C公司也对隧道项目虎视眈眈，志在必得。

客户组织资料：

业主：某市滨江路隧道建设发展有限公司；

总经理：姓名不详（现场也无其他人员出现）——决策；

总包：市隧道工程有限公司；

项目总经理：张总经理——决策（行使部分业主权利）；

总工程师：李博士——技术选型；

现场负责人：王工——使用；

设计：市政设计院；

主任工程师：肇工——技术；

监理：市质监站——技术。

A公司是我所在的公司，是一家生产植筋胶水的制造公司。其实在两年前滨江路越江隧道立项和方案设计阶段，我和技术部门就与该项目的设计单位——市政设计院的有关设计人员就实施风道结构“植筋方案”的可行性进行了共同研究，参照国外类似隧道工程的经验，我们提交了详细的设计说明书和解决方案，设计院在初步设计方案中也采用了不少我们的设想。由于前期与设计院的配合默契，给此项目的设计负责人肇工留下了很好的印象，在隧道工程进行的两年的时间里，他给我提供了许多有关越江隧道工程的进展情况和重要信息，并介绍我和公司技术团队与总包单位市隧道工程有限公司的技术负责人李博士认识。肇工暗示：由于越江隧道的技术难度和本身的影响力，总包的总工程师李博士是一个关键人物，他的意见对决策者有着举足轻重的作用。虽然肇工在项目中的技术分量不够，但提供了很多高质量的信息。

我经过明察暗访后也发现，越江隧道项目中的业主很少出现，总包市隧道工程有限公司由于国企性质和在行业内的技术权威地位，实际上行使了部分业主的权利和代甲方职能，无疑是举足轻重的一方，而总包的总工李博士更是关键中的关键人物。至此，我决定将总包和李博士作为主攻方向。

当然，对于这个市一号市政工程，B 公司和 C 公司也没有闲着，只是大家的主攻方向有所不同。B 公司走上层路线，据说与该项目的业主上层有很深的关系；C 公司的销售人员更是放出话来，此项目非他们莫属。

转眼两年过去了，现在是真正实施风道结构“植筋方案”的时候，审核考察是招标前的工作：对候选供应商资格审查和客户考察、产品测试、封样等，为随后的招投标做准备。

在过去两年里，我在拜访总包的李博士时了解到，他们对风道结构“植筋方案”有如下担心：一是植筋过程中的钻孔对隧道管壁的破坏影响；二是越江隧道的潮湿环境是否会影响到植筋胶水的力学性能。针对客户关心的问题，我和公司技术团队提出详细的解决方案，着重介绍了公司产品的植筋浅埋和全天候潮湿环境的特点和优势，其实这正是我公司产品相对于友商 B 和 C 产品的优势所在。在随后的几次产品演示会上，更是不断强化客户所担忧的观点，强调我公司产品给客户带来的利益，目的是建立竞争优势。果然，在“设计选型”阶段，总包的“植筋方案”采纳了我们的建议，并以招标书的形式将植筋浅埋和适应潮湿环境等技术要求确定下来。

为保证公正性，所有参加投标的厂家必须首先参加产品的测试，以达到总包设定的技术指标。测试结果均在我们的预料之内，我公司大获全胜。

我非常兴奋，搬掉了 B 和 C 两个拦路虎，接下来投标前的准备进行得非常顺利。但在投标前一天，一个意外情况发生了。市质监站对风道结构“植筋方案”提出了不同的看法，还是担心植筋对隧道管壁的不良影响，并将他们的担忧对业主进行了汇报。虽然我和公司技术团队一再解释，但因为隧道项目属于市政重大工程，不允许出现任何问题。业主在经过与设计、施工和监理多次讨论并请专家论证也无法形成统一的意见后，为保证万无一失，最终取消了原来的风道结构“植筋方案”，用其他方案代替。

这个项目为什么会失败？背后可能有哪些不为人知的原因？我的工作有什么遗漏？大家先思考一下，我在下一讲跟大家谈谈我的总结和反思。

总结：

最后对客户组织五维度分析做个总结，决策流程、成员角色、立场、内部政治、影响力这 5 个维度是帮助分析、理解客户组织的有力工具，它就像黑暗里的灯光，帮你照亮工程项目销售前进的道路，避免掉到危险的陷阱。

第五章
项目需求分析

第十七讲　需求冰山理论

第一天，大卖场来了一个顾客，点名要买一台大金空调，他是大金的忠实粉丝，还说其他品牌价格再便宜也不考虑。巧了，你就是大金空调的销售人员，送上门的生意立刻成交。你的产品正好满足了客户的需求，这种状况可遇而不可求。

第二天，一个客户说要买中央空调，而你卖分体式空调。你问客户："一定要买中央空调的原因是什么?"他说："朋友都是用中央空调。"你又问："你朋友的房子是怎样的?"他说："住的是别墅。"你再问："你住的是什么?"他说："公寓房。"好了，机会来了。你告诉他："公寓房层高太低，最适合的还是分体式空调，分体式空调价格低，而且后期维护成本小。"客户被你说服。你一开始不能满足客户的需求，但客户真正要解决的是天气太热的问题，你通过了解客户的住房条件，提供了新的解决方案，改变了他的需求，也达到了销售目的。

第三天，一位客户一开始就打算买分体式空调，但不确定买什么品牌，去大卖场一看，有这么多品牌的空调。第一个接待客户的是格力促销员，他说："好空调格力造，买空调要选大品牌，买得放心。"第二个是海尔促销员，他说："买空调关键是看服务，我们的安装规范，安装时间最短。"第三个是美的促销员，他说："买空调最重要的是省电，一天一度电，买变频还是选美的。"最后一个是奥克斯促销员，他说："其实家用空调都差不多，关键还是看价格。"这四个促销员都很专业，不过他们都在做一件事情，就是根据其产品特点或优势，引导客户的需求。如果客户买的是格力空调，除了客户自身对需求不太确定外，也说明格力促销员基本功了得，能够引导客户的需求。也许客户最后购买的是美的空调，是因为那个促销员热情而有亲和力。

第四天来的客户只是因天气太热受不了，也不知道该选择空调、电扇还是喝饮料，自己找不到解决的办法。这个阶段的客户通常难以准确地表达或者说不清楚需求，销售人员需要了解客户工况条件和存在的问题，提供针对性的解决方案。如果你是卖空调的，就把客户引导到你的产品上来。如果你是卖电扇的，有什么办法吗？也许在与客户沟通中你发现客户是为家里的老人买的，你可不可以说：空调温度太低，而且空气不流通，对老人的身体不太好，建议他买吊扇。

第一天的客户清楚地知道自己需要什么，采购标准非常明确，直接满足；第二天的客户的需求是不合理的，需要销售人员提出新的解决方案；第三天的客户有初步采购标准，但通过引导选择了销售人员推荐的产品；第四天的客户只是感觉太热，但不知道怎么解决，销售人员提供了有利于自己的解决方案，我们可以用需求冰山理论来进一步解释这四种情况。

根据需求冰山理论，如图 5－1 所示，不同客户对自身需求的了解程度是不同的。首先是处于冰山上部的显性需求阶段，客户清楚地知道自己需要什么，采购标准非常明确，即品牌、产品、服务、价格等，在工程建设项目中一般处于招投标阶段。项目在这个阶段进入有点晚了，有可能别人已经做好了工作，陪标的可能性很大。或者也是处于冰山上部，客户有初步采购标准，但还在不断地完善，在工程建设项目中处于初步设计的前期。这个阶段进入项目，有机会与客户一起制定有利于自己的标准，建立差异化的竞争优势，冰山以上为客户解决的是如何采购的问题。显性需求有软性和硬性之分，软性需求包括品牌、信誉、服务、价值观，硬性需求包括价格、参数、重量、速度，而软性的采购标准又给了某些厂家操作的空间。

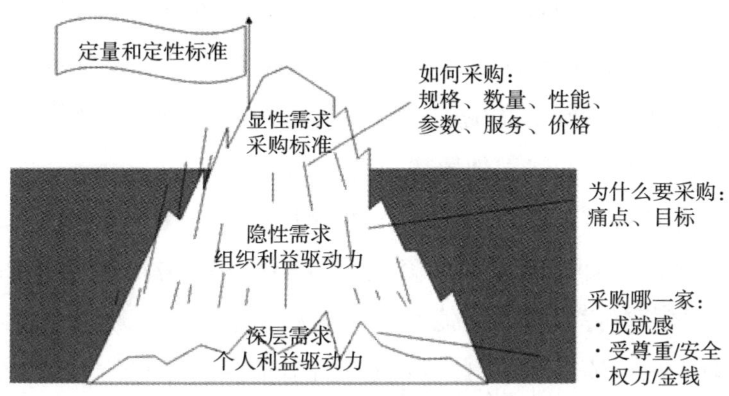

图5－1　需求冰山理论示意图

其次是处于冰山中部的隐性需求阶段，客户对自身的需求不清楚，但客户有要实现的目标、存在问题或对现状不满，只是找不到解决办法。例如要解决建筑防火和保温隔声的问题，有很多解决方案可选择，在工程建设项目中处于设计方案阶段。这时候进入项目，就要说服设计和技术选择你的解决方案，为客户解决的是为什么要采购的问题。

最后是处于冰山最底部的深层需求阶段，采购者个人感到安全，获得上级的认可，有成就感，受尊重，受权力、金钱等个人利益驱动。有时候个人利益和组织利益是冲突的，例如采购人员为了达到某种个人目的而采购价高质次的产品。但个人利益和组织利益也可以同时满足，例如采购人员为公司采购到物美价廉的产品，得到领导的表扬和提拔。也有一些采购人员既要拿好处又要压价，想在领导面前邀功。客户解决的是选择哪一家供应商的问题。

我刚进入销售行业的时候跟过一个项目，我们的产品在国内知名度不高，价格和友商相比也没有明显优势，同时我们的设备对环境的温度、湿度的要求很高，这个项目最后我们却胜出了。以后大家熟了，问对方为什么选我们，客户的回答是“生产经理力挺你们”。后来了解到，正是因为设备对环境的要求高，必须安装通风空调系统，而生产经理为这事跟领导申请几年了，一直没有批准，我们间接帮他解决了这个问题。

接下来针对上一讲的案例，我给大家做一些分享。这个案例从表面看，是市质监站对方案提出了不同的看法，事后了解到，应该是友商在背后搅局。他们眼看获胜无望，鼓动联络监理直接找到业主总指挥部，以方案有风险为由推翻了原来的方案，做出了损人不利己的事情。

事后反思，我在内线和关键人方面做得不错，与客户共同制定解决方案，以产品独特的特点、优势制定排他性的技术标准，但我过分重视关键人物，忽略了其他部门，如市质监站的需求，导致我多了一个反对者，而友商多了一个支持者。有人对你的产品和方案说“是”不会有人注意，但说“不”就是一个大问题了，因此，与客户建立关系既要避免没有重点，天女散花，也要避免攻其一点，忽略其他人的感受。如果我除关键人物外也不忽略监理的存在，做一些必要的公关工作，结果可能就不是这样了。另外，高层没机会沟通也是硬伤，要知道，这样的重点项目，领导的最大诉求是安全。亲爱的读者，您的看法是怎样的呢?

总结:

在需求冰山理论中，冰山的上部是显性需求，解决的是客户用什么标准采购；冰山的中部是隐性需求，解决的是客户为什么要采购，是需求的触发点；而冰山的底部是深层需求，解决的是客户愿意采购哪一家的产品。

第十八讲 项目需求五个层次

我以前做过石膏板吊顶和隔墙系统，下面用这个产品来举个例子，回顾一下前面讲过的需求冰山理论。以下是销售人员和业主的一段对话：

销售人员：赵经理，您对吊顶和隔墙系统有哪些要求？——这是问冰山上部的显性需求。

赵经理：石膏板的质量过硬且价格还要优惠！——客户大都这样回答，说了也等于白说。

销售人员：您说的质量过硬，具体要求有哪些呢？——问这句话很关键，客户能否准确地说出产品的性能、功能和采购标准，判断其需求很明确还是不太明确，有没有被影响的空间。

赵经理：墙面和吊顶一定不能有开裂。——好了，这个客户清楚地知道自己需要什么，采购标准非常明确。

销售人员：赵经理对开裂问题这么关注，一定有特别原因吧？——这个问题是了解客户冰山中部的隐性需求。

赵经理：我们前一个项目也是政府项目，刚刚验收没几天，上级来参观就发现墙面裂了，形象工程搞成了豆腐渣工程，社会影响很大！我们下面做事的人压力也很大。——请注意，这是客户的痛点，揭示了客户为什么要提出墙面和吊顶一定不能开裂这个采购标准，同时也了解到赵经理的个人深层需求：他做事的压力很大。这个问题是了解客户冰山底部的深层需求。

销售人员：理解……

根据需求冰山理论，我们将工程项目的客户需求从上往下，再进一步细分为五个层次，还是以石膏板隔墙系统为例。

第一层次，购买：品牌、规格、数量、价格等。举例：石膏板减震隔墙系统，采用 MW 龙骨，隔声纸面石膏板，属于冰山上部的显性需求。

第二层次，产品：功能、性能、安装指导、技术培训。举例：隔声 > 55dB，耐火极限 2 小时，也属于冰山上部的显性需求。

第三层次，工况：建筑类型、工作环境、技术规范。举例：建筑类型是五星级酒店、大剧院，属于冰山中部的隐性需求。

第四层次，现状：需要解决的业务问题是什么？要达到什么目标？举例：客户痛点是客房隔声不达标，影响客房率及酒店评价得分，属于冰山中部的隐性需求。

第五层次，个人：购买动机是什么？个人关注什么、担心什么？举例：领导怕员工腐败失去控制，员工怕领导怪罪，属于冰山底部的深层需求。

第一层次和第二层次显性需求只是客户需求的外化表现。第三层次的隐性需求是指产品在什么样的环境下出现。第四层次的隐性需求是客户购买的起始点，所有的购买行为都是因为客户要解决的问题或者实现的目标，例如五星级酒店客房隔声问题、墙面开裂问题，大剧院的隔声吸音问题，钢结构防火保护问题，或是标志性建筑和政府的民生项目。第五层次的深层需求是客户为什么要选择你的个人驱动力。

有一天，一个客户来买一套礼服，营业员问得最多的是颜色、款式、价格区间等，如果营业员问客户在什么场合参加什么活动，从而有针对性地为客户介绍是不是更有效？如果客户深层需求可能是想见某个暗恋对象，一般他不会跟你说，如果他告诉了你，那你可以建议他带上一束对方喜欢的玫瑰花。通过挖掘深层次的个人需求进行销售也最容易获得成功。

在跟客户初次见面的时候，一般有点经验的销售人员会问客户有什么需求，其实最多是处于第一层次或第二层次的显性需求，这算是合格的销售人员；而更多不合格的销售人员容易犯的一个错误是，上来就介绍自己的产品、服务、公司，这样做其实更糟糕。据心理学研究表明，客户都有希望被理解的愿望，客户没有义务去了解你的产品，客户只关注他面临的业务挑战和问题，因此，当你一上来就谈产品的时候，客户其实是抗拒的。有时候我们觉得做采购的人不专业，我们的产品质量绝对是拔尖的，性价比也高，可他们却不选。一开始，还以为是对手搞定了采购人员，后来却发现根本没有，客户愿意和关注他们问题的人做生意。也许客户对你和友商的产品都不太了解，你们都说自己的产品好，但客户了解自己的问题在哪里，你在提供产品，别人在提供解决问题的办法，客户更喜欢提供结果的人。能关注第三层次和第四层次需求的销售人员才算是好的销售人员。

同时，项目的采购又是通过个人来实现的，A、B、C 公司没有购买我们的产品，李总、张总买了。当我们和友商都能解决问题的时候，个人的动机会影响到采购哪一家的决策。有一个政府项目，最高决策者希望以最低价中标，他这样做的原因是为了证明自己公正廉洁。显性需求好发现却难满足，深层需求难发现却好满足。客户说："你的东西太贵了。"你没法降价，客户的潜台词可能是："这是个大单，我对你不了解，所以很犹豫。""其实我有点想法，但不能明说。"只要解决信任问题和资金问题就行了。

销售人员在与客户沟通中，问得最多或者最擅长的是客户的显性需求，即第一层次和第二层次的问题，客户一般会告诉供应商将以什么标准采购：规格、数量、功能、性能。这类问题因为客户拒绝少，所以销售人员问得多。对于第三、第四层次的隐性需求，销售人员问得很少，有可能是想不到问或不知道怎么问。因为这样的问题可能会触到对方的痛处，如果你这么问对方："听说项目方案遇到了一些麻烦，我想和你聊聊。"对方一定很恼火，怀疑你是来挑毛病的。可以这么说："如果项目方案在这个地方改善一下就更好了。"或者"我们有个项目跟咱们现在这个项目特点相似，他们当时有这样的困惑……我们当时是这样处理的……"

而第五层次的深层需求客户隐藏得更深，没有充分的信任不会把自己的购买动机和需求告诉你，因此那些上来就要好处的人多半不靠谱。但是，决定项目成功有时候恰恰是在于谁对客户需求的把握更准确，不仅仅是如何采购的显性需求，最重要的是为什么要采购的隐性需求和决定要采购哪一家的深层需求。

总结：

需求从上往下有 5 个层次，分别是购买、产品、工况、现状、个人。第一、第二层次是显性需求，第三、第四层次是隐性需求，第五层次是深层需求。

第十九讲　不同层次需求应对策略

根据需求冰山理论，不同客户对自身需求的了解程度是不同的。首先是处于冰山上部的显性需求阶段，客户清楚地知道自己需要什么，采购标准非常明确，处于项目后期客户邀请投标阶段；其次是处于冰山中部的隐性需求阶段，客户“认为”自己知道需要什么，有初步采购标准，处于初步设计的前期阶段；最后是处于冰山底部的深层需求阶段，客户对自身的需求不清楚，还处于项目方案设计阶段。针对项目不同阶段和不同客户需求层次如何采取不同的沟通策略？

我们来看以下几种状况：

1. 客户采购标准非常明确

（1）只有你。太棒了！你能满足客户的显性需求而其他供应商无法满足，恭喜你。其实这种幸运也不是偶然的，一定是在前期先入为主做了大量工作的结果，方案设计阶段说服客户选择你的解决方案，初步设计中让客户制定有利于你的标准，或者招标文件是你参与编写的。

初次见面以后，客户说：“我们对你的产品比较满意，一直想跟你合作。”碰到这种情况，销售人员当然高兴，既然对我们那么满意，那就谈谈如何合作。客户说：“这个还太快了，毕竟我们以前也没用过你们的产品。”当客户仅仅表现出明显的好感时，急于求成会导致客户的迟疑。销售人员可以这么说：“没有想到你会给我们那么高的评价，可能我们的产品恰好有一个点和你的需求是匹配的，我不太清楚是哪一点？”客户说：“你们的某项服务比较符合我们的需要。”请注意要让客户自我销售甚至“自我催眠”，当客户把这通话讲完以后，销售人员继续说：“我没想到你对服务那么看重，你能告诉我为什么吗？”客户解释以前由于供应商服务不到位给自己带来麻烦，客户是在自我强化购买的愿望，最后销售人员说：“那你希望接下来怎么做呢？”

（2）能满足。你和所有供应商都能满足客户的显性需求，我们碰到的大部分是这种状况，通常大家的做法就是拼价格。怎么办呢？看看是否有挖掘隐性需求建立差异化优势的机会。还是用以上讲的石膏板吊顶和隔墙系统作为例子。

销售人员：赵经理，您对吊顶和隔墙系统有哪些要求？

赵经理：石膏板的质量过硬且价格还要优惠！

销售人员：您说的质量过硬，具体要求有哪些呢？

赵经理：墙面和吊顶一定不能开裂。

销售人员：赵经理对开裂问题这么关注，一定有特别原因吧？

赵经理：我们前一个项目也是政府项目，刚刚验收没几天，上级来参观就发现墙面裂了，形象工程搞成了豆腐渣工程，社会影响很大！我们下面做事的人压力也很大。

销售人员：理解。您提到的墙面开裂问题，在行业内确实比较普遍。除了与石膏板本身的质量有关外，还与安装是否规范有关。为了保证安装的质量，我们可以为这个项目提供安装指导和培训。另外，先做个样板间，实际效果请领导来看看。

请注意，销售人员并没有简单地满足客户需求，因为大家都能满足，而是通过挖掘隐性需求和深层需求，提出差异化的解决方案（操作培训、样板房），提供附加价值，与友商拉开距离，同时避免了价格竞争，关键是领导都已经看过实际效果了，再换其他品牌的概率就大大降低了。

（3）无法满足。客户说："你的东西太贵了。"碰到这种情况，销售人员的第一反应是说我们的性价比高、品牌影响力大、成功案例多，这样你与客户就形成了一种对抗，进入控辩双方的交锋，但客户是裁判，你不可能赢，最后的结局就是销售人员直接亮出价格举手投降。客户拒绝你最好的说法是"你的东西太贵了"。许多销售人员居然相信了，或者假装相信，因为这也是他向领导解释项目失败的借口。要找出客户提出价格异议的真正原因，最好的回答是反问："为什么您会觉得我们的报价高呢?"客户提出异议可能有如下原因：客户觉得价格与价值不符，你这么说："是的，我们的价格确实比他们要贵一些，如果考虑到（向客户介绍清楚产品的优势）……这个价格就不算贵了，您说呢?"或者提醒客户使用不可靠设备带来的严重后果："如此关键的部件，质量的可靠性才是考虑的主要因素，不是吗?"客户说其他供应商报价更低，那你回答："那要看跟哪个品牌比。"

也可以对客户需求重新排序，说服客户从长远来看，使用成本比购买成本更应该被考虑；如果你确实无法满足客户的采购标准，例如超低的价格、苛刻的付款条件，那这种客户放弃也罢！更糟糕的是友商可以满足客户的显性需求而你无法满足，也可以考虑放弃。

（4）不合理。挖掘隐性需求，如为什么买、解决什么问题、需求是谁提出的、工况是什么，再提出新的解决方案。前面举过例子：客户说要买中央空调，你问他买中央空调的原因是什么?他说他朋友都用中央空调。你又问他朋友的房子是怎样的？他说住的是别墅。你再问他住的是什么房？他说是公寓房。好，然后给客户提出新的解决方案。

有一个政府项目，业主提出项目必须在规定的日期前完工，但这给设备制造和安装都带来了很大的挑战，一种是紧赶慢赶把大家折腾得够呛，还会有未完成的风险。后来从业主那里了解到：因为这是市长来考察和剪彩的日期。那就有第二种解决办法，首先，不一定要全部完工，先完成领导要考察的那部分；其次，对领导要考察的那部分还可以重点优化，让领导更满意。

2. 客户采购标准模糊

客户有初步采购标准，但没有坚定的想法。当不能满足其显性需求的时候，通过了解客户的隐性需求——工况条件、存在的问题和要实现的目标等，引导客户重构采购标准，使其显性需求接近你的产品优势。

客户：柳工、三一、徐工都是一线品牌，质量都符合我的要求，关键就看谁的价格有优势。

销售人员：张总，您说的质量具体指的是什么？

客户：只要能干活不趴窝就行，价格谁低买谁家的产品。

销售人员：其实一台挖掘机至少要使用7~8年，购买成本当然要考虑，但油耗和维修保养费用也是一笔不小的开支。万一您以后不想干了，不同二手挖掘机的价值差别也是相当大的，您说是吗？

客户：也对，那你详细说说。

请注意，这个客户说“只要能干活不趴窝就行，价格谁低买谁家的产品”，可以说明他对挖掘机的采购标准是很模糊的，销售人员帮客户重新定义质量，从购买成本引导到使用成本。

3. 客户知道自己有问题，由于专业水平所限，不知道如何解决

有些是客户根本没有想到或忽略的问题，销售人员要帮助他们界定问题，提出先入为主的解决方案；梳理采购标准，以差异化的优势建立技术壁垒。

举例：钢结构建筑发生火灾后二十分钟内会垮塌，美国9·11事件中倒塌的世贸大厦，就是由于飞机燃油引发的大火，使得全钢结构的大楼瞬间因钢结构遭受高温失效而倒塌。而钢结构的耐火保护的解决方案有防火涂料涂抹、混凝土包裹、灰胶泥包裹、矿物纤维包裹、安装轻质预制板、水喷淋等，而业主和设计师有可能没有很好的解决方案，供应商需要在项目前期与设计师沟通。对于供应商来说，你推荐的解决方案一定是自己擅长的，做防火涂料，当然希望甲方选择涂料的方案，然后影响甲方和设计师在防火涂料中再建立差异化的优势。

对于客户的问题，销售人员要预先准备，最好的理解客户隐性需求的方法是事先知道客户的问题，某个行业某类工况项目都会遇到同样的问题。我以前的公司就总结了星级饭店、政府机关、医疗机构、精装修住宅等八个类型项目，每种类型项目的设计人员或业主在吊顶和隔墙方案中遇到的最常见的问题和相应的解决措施。你要比客户还要了解他的问题，这样才能在帮助客户界定问题、梳理需求的过程中建立差异化优势。但这样的问题设计有三个原则：一是重要性，对客户有重大影响和冲击力；二是隐蔽性，客户没有发现或被忽略，一语惊醒梦中人；三是持续性，对客户未来造成持续性的影响，例如设备能耗问题。当然，最后提醒大家，了解客户不代表可以直接给方案，需求沟通还是非常必要的，不同客户的需求毕竟还是有差异的，哪怕真的没差异，还得问或者假装问。

总结：

针对客户采购标准非常明确（能满足、无法满足、不合理）、客户采购标准模糊、客户知道自己有问题但不知道如何解决这三个层次，采取满足、引导、挖掘和梳理的沟通策略，如图5-2所示。

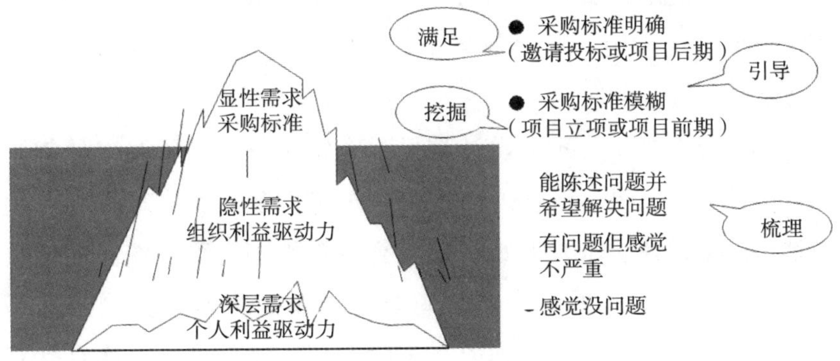

图5-2　不同层次需求的应对策略

第二十讲　个人利益如何影响项目采购

工程建设项目采购和消费品采购最大的不同在于：出钱、花钱和使用的不是同一个人。对项目有利的采购决策未必对其个人有利，而对个人有利的采购决策有可能损害企业的利益，例如采购人员收了回扣，采购价高质次的产品。采购人员为什么要帮助你，是因为对他有益或者能减少他工作的麻烦，在圆满完成项目采购任务的同时，个人需求也得到了满足，例如压低供应商的价格，从而获得领导的表扬、同事的认可、职位安全等。

客户的个人需求可以用马斯洛的五个需求层次理论解释，从下到上分别是：生理需求、安全需求、社交需求、尊重需求、自我实现。

第一，生理需求。采购者从供应商那里收取好处，希望能满足其生活欲望。客户中一般职位较低的人员会有此类需求，请吃饭、送小礼物，礼物比同等价值的现金更能表示你的诚意。我选礼物的原则是不在贵在于用心，送礼物之前我都会说："这个电动牙刷我一直在用，觉得效果不错，我也给你买了一把。"或者礼物是对方喜欢的东西。

之前为某个项目我去设计院见一个室主任，去了几次他都不怎么理我。有一次，正好外面进来一个他们院的女同事，穿着很时髦，我注意到主任看见她眼睛一亮，跟她聊得很愉快。然后再去设计院的时候我买了一本时尚杂志，先去给这个女同事送一本，也不说什么。等我送到第三本的时候，她问我："你有什么事要我帮忙吗?"我说："没什么事儿，能不能请张主任出来吃个饭。”她说这是小事，马上拿起电话，约好时间。吃饭的时候，主任见到我有点惊奇，但也没说什么，后来我和室主任的关系慢慢就融洽起来了。

第二，安全需求。采购者希望保护自身的职位安全。大项目为什么对供应商那么慎重，尤其是国家重点项目，因为搞不好当事人的乌纱帽就没了，风险大。采购大品牌产品，即使有问题，当事人也无大碍，他可以理直气壮地说：“我买的是大品牌，不都是我的错。”与大公司合作，采购当事人也可以避免不必要的麻烦。客户愿意和个人关系好的客户合作，因为知根知底，风险小，很安全。

我有个学员，原来是外企销售总监，后来下海代理原来公司的产品，他很苦恼礼物送不出去，有的时候送出去还被客户快递回来。客户不收礼，除了怕有事相托、礼太重不敢收，还怕不熟有风险。我说送礼一般是由轻到重，送一个带公司 LOGO 的 U 盘和充电宝，接收人不会有压力；送贵重一点的礼物前先有个铺垫，下次对方收的时候就顺理成章。但我要提醒大家，送礼不要违反法律，为了挣点工资、奖金犯罪，把自己搭进去就不值得了。

第三，社交需求。采购成员个人关系和内部利益平衡。因为我们的关系好，所以我支持你；因为上次你在采购中支持我，所以这次你支持的供应商我也支持，其实，很多是心照不宣而已，任何材料能够到工地，都是各方利益的交换和权力转移。项目中的材料设备采购，业主不可能全部自己采购或指定采购，垫资总包当然需要在项目采购中有更大的发言权，平行承包业主也需要给总包一点配合费用。

第四，尊重需求。新到任的高层，需要树立自己的权威。以前我们有一个销售人员，去拜访客户新上任的一位处长，想邀请他参加一个行业峰会。处长问局里还有谁去时，销售人员说："这次我们邀请了不少人参加，李副处长也去。我们一直合作得很好，他很认可我们的产品和服务。"处长听闻脸色大变，从此对我们处处刁难。原来，处长和李副处长当时的关系很僵。还有些客户的技术岗位比较麻烦，说他不懂也懂点，说他懂其实也是一知半解，问题是碰到自尊心强的人，你还要捧着他，否则他会极度不舒服。碰到这样的客户只能多说"都是在您的指导下""这方面您很有经验，方案有什么要改进的地方""您看下一步怎么做比较好呢"。

第五，自我实现。采购者以某一业务目标的实现和个人的成就感为目标。例如临近退休的高层，在企业工作多年，希望在最后再做点事，让企业获得更多的利益，他的个人需求纯粹是从企业的最高利益出发。我在实际销售工作中确实也碰到过这样的领导，不免对其心存敬意。

层次越高的需求对人的驱动力和行为的影响越大，不要觉得金钱是万能的，客户中层次越高的人需求的层次也越高，恰恰他们对采购决策有重大影响力；而那些对采购没有太大影响力的基层人员，才对送礼物、请吃饭更关心。工程建设项目中，很多销售人员的手段就是关系营销，说得简单一点，就是三板斧：吃饭、回扣加洗脚。随着国家法制建设的完善，这种销售手段越来越没有市场。

我在美国某企业任销售总监的时候，我的老板是一个严谨古板的德国人。有一次，一个供应商居然在会谈结束的时候给他塞了一个厚厚的红包，他觉得受到了极大的侮辱，当场把那个供应商开除了，结果也导致他对采购部的中国同事极度不信任，重组采购部。

总结：

客户的个人需求可以用马斯洛的五个需求层次理论解释，从下到上分别是：生理需求、安全需求、社交需求、尊重需求、自我实现。如图 5 – 3 所示。只有未满足的需求才能影响人的行为，他属于哪个层次哪类人，他需要什么就给他什么。

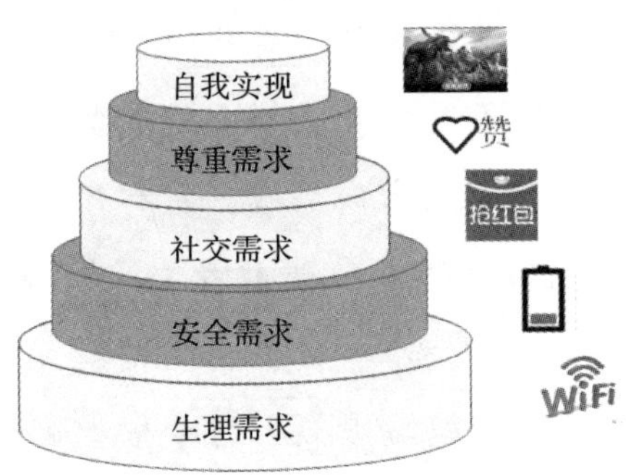

图 5 – 3　马斯洛的五个需求层次理论

第二十一讲　业主设计总包需求分析与对策

某大型企业生产部门反映原来的产品打印机时不时地发生故障，生产部门提出采购新打印机，申请并建议选择进口品牌。这天，总经理召开了会议，针对购买打印机的事宜进行讨论。首先是采购部经理发言：“我觉得 A 品牌的产品不错，价格实惠，打印效果好，耗材也便宜。”生产部门表示认同：“就我们部门而言，打印效果是很重要的，A 品牌的打印机我有所了解，据说效果确实不错，我觉得可以考虑。”设备部表态说：“A 品牌可靠性不如 B 品牌，相对来说，B 品牌的技术先进，故障率是最低的。”但采购部坚决反对：“绝对不行，B 品牌的耗材太贵，超出预算太多，不能接受。”总经理怕再争论下去影响各部门之间的合作，沉吟半天说：“B 品牌的所在国与我国未来关系不明朗，万一耗材跟不上就麻烦了，我看再选择一家进行比较吧。”

客户采购组织中的不同角色，对需求的关注度是不同的，因此，我们经常说没有所谓的客户需求，只有角色需求。采购者关注采购成本、价格和付款条件；技术者关注产品的性能和指标、行业的成功案例、第三方技术验证等；使用者关注质量稳定、售后服务好、使用方便；决策者更关心对未来影响和重大成本的采购。只有大型正规的企业组织架构齐全、人员各司其职，一般中小型企业有可能一个人扮演多种角色，因此其需求也是复合的。

业主、设计院、总包分包、供应商在整个供应链上的诉求是不一样的，我们来一一分析。

业主关注质量、服务、价格、成功案例。通常情况下，业主是工程诸方中最关键的一方，也是销售人员的主攻方向。其实，项目中大部分的业主并不专业，通过销售人员介绍产品能给客户带来的利益、质量保障和服务，参观成功案例和生产基地带来的安全感，获得业主对你的品牌、质量和价格的认可。只要不是总承包交钥匙工程，大宗的材料和设备一般由业主直接采购，基础建材水泥、钢材等由乙方采购。成功的策略是影响甲方，尽可能把这两类以外的材料变成甲购或者指定采购。因此，需要说服甲方，你的产品虽然不是大宗，但是对未来的使用至关重要，提升决策层次，强调不予充分重视给业主带来的风险。请看下面的案例。

小刘：薛总您好，我是××节能板材公司的刘某某，我们公司是做厂房屋面墙面围护系统的，在医药行业的洁净厂房方面有很多成功案例。感谢您在百忙中见一下我们，今天主要有一件重要的事情向您汇报一下，事关咱们项目后期运营的风险。

薛总：哦，什么事情？你说吧！（显得很疑惑）

小刘：薛总，据我了解，咱们这个项目的厂房洁净度达到一千级制药生产标准，相当于欧洲的B级标准，这在国内也是目前能达到的最高标准。

薛总：是的，我们的产品大部分是出口欧洲和美国的。

小刘：GMP厂房尤其是要达到一千级制药生产标准，其设计、施工和管理同等重要。如果前期建筑围护系统方案不合理、质量不过关、施工不规范，导致无法将室内产尘、产菌控制在设计要求之下，将会给未来的运营管理带来巨大风险。

薛总：你的建议是？

小刘：我建议围护系统的选型最好能直接把控，多比较几个厂商的产品和方案，直接签订分包合同。我还建议让每个参与的厂商提供以往类似项目的测试数据，同时通过样板房测试进行技术参数方面的比较，以便在各个厂家中挑选出最好的产品和方案。

薛总：你说得有道理。

设计师是三者中关心技术超过价格的人，高端产品制造商的销售人员几乎都不会忽略设计师对销售带来的帮助，通过设计师在图纸上的品牌指定或技术指标的指定，是项目销售人员非常有效的销售手段，最低限度是从设计师那里获得有用的工程信息。但如何说服设计师指定你的品牌或以贵公司的技术指标作为此项目产品的采购标准呢？设计师的需求又是什么？

一般而言，设计师关心的是产品的技术性能能满足其设计的要求，关注新产品、新技术、新应用。因此，与设计师打交道的销售人员需具备丰富的专业知识，与设计师有相同的工作语言，设计师是全才，但对你的产品肯定没有你懂得多，如果你能提供解决方案或专业的建议书，提供可以套用的设计图来减轻设计师的工作量，“投之以桃，报之以李”，你们公司的产品被采用就大有希望了。

某大型台资集团斥资 10 亿美元，在苏州工业园区建立电脑芯片生产基地，可能涉及 K 公司可提供的产品——厂房外墙和内墙隔断，营业额将达到 1000 万元人民币，但技术要求高，超高度隔墙、隔声要求和 4 小时防火要求。总承包方德国 MG 公司对材料选择有决策权，但设计师对国内各类轻质隔墙材料不熟悉。K 公司销售团队为设计师提供了 42 个系统可供选择设计说明书、500 张节点详图、产品展板、系统模型、样板墙等，最终产品成功被总包设计指定。其间，同档次友商以超低价竞争，最终因为不是系统的解决方案而没有成功。

需要注意的是，设计指定的有效性，技术含量越高的产品越适合进行品牌指定，设置技术壁垒。换句话说，就是被指定的品牌产品越难被替代，你成功的希望也越大。举个例子：有时候在图纸上并未见到设计师标注某某品牌，但设计师采用的技术参数和指标实际上就是某某品牌技术手册的浓缩版，内行人一看就明白，想换都难。反之，我劝你不要把主要精力放在无任何技术含量的指定上，即使你的产品品牌被设计师指定，也难保在施工和安装时不被换掉。

而总包和分包可能是你最后要找的人，是厂家销售人员最难对付的一方，他们关注利润空间、付款方式。每个承包商都有自己长期合作的供应商，他们当初低价投标，中标后会用你们价高的产品吗？而要改设计的难度是相当大的，即使是甲定乙购这样的情况，报价仍需给总包留出足够的利润空间，除安装和施工的人工费外，对总包更大的一块收入是报给业主与总包之间的材料差价。否则，总包可能会强烈抵制你的产品。因此，销售人员向业主报价时需特别谨慎，材料差价最好与总包事先沟通，并承诺其商业利益。

总结：

业主、设计院、总包分包的诉求是不一样的，供应商的工作重点依次是业主、设计、总包。当业主没有设立品牌要求时，在满足甲方要求的前提下，利润最大化一定是总包唯一的考量；如果是甲方定牌乙方采购，项目预算已经报批，该花的钱已经定好，这时甲方的需求一定是追求品牌，业主肯定希望施工方能选用更好的品牌。因此，尽可能要求甲购或者指定采购，否则，一定会面临总包和分包的无底线压价。

第六章
项目竞争对比分析

第二十二讲　扬长避短的竞争策略

“营销的本质是战争。”在市场营销的战争中，竞争者就是假想的敌人，顾客则是要占领的阵地。一个公司要想成功，就必须面向竞争对手，必须寻找对手的弱点，并针对对手的弱点发动营销攻势。

竞争分析主要是与友商的对比分析，一部分是宏观的，还有一部分是微观的。宏观是所谓的能力和资源，微观包括关系和活动。宏观跟具体项目没有关系，力量对比是客观存在的，短时间内无法改变；微观与具体的项目有关，力量对比是可以改变的。

与友商的宏观对比包括企业规模、品牌、产品、服务、价格、成功案例、市场份额，都是我们具体操作项目的销售人员无法把握和改变的。不要夸大自己的弱点，销售人员往往以价格太高、产品服务也不如别人作为失败的借口。同时，也要避免优势错觉，有的销售人员声称他们没有对手。

宏观竞争分析需要注意三点：第一个是你的卖点；第二个是客户的关注点和痛点；第三个是友商的弱点。如果你的卖点和客户的关注点是重合的，而友商不重合或重合度不高，就要“强化”客户已有的认知，确保客户以你们公司产品的特点、技术标准作为采购标准，写入招标文件。有一段时间韩国品牌的工程机械卖得比较火，正是抓住了国人对国产品牌不太认可，但是又不愿意支付高价格的心理。销售人员说：“你说得对，一样是进口品牌，为何不选择价格最低的呢?”当客户内心有了这样的想法时，其实是渴望被认同的，你强化了客户的认知，更加坚定了客户的选择。

如果客户的关注点跟你的卖点不重合，一种是忽视优势，我们认为这些优势能够帮助客户，可客户却认为这些优势对自己来说是无关痛痒、可有可无的；还有一种是客户关注你的劣势，但客户是裁判员，拥有绝对的权力，因此只能对客户施加影响，"转化"客户的认知，改变对方购买决策原有的排序，使你的产品或方案在评标得分中占有优势。例如你的空调设备购买成本比较高，但可靠性强、能耗低、维护成本低，客户关注的是价格，这时候你就要转化客户的认知。"您说得对，价格确实是必须考虑的重要因素，如果考虑到中央空调的使用寿命几乎和建筑一样长，中央空调的使用成本、可靠性、能耗、维修保养都是应该考虑的因素，您说是吧?"当然，长期的使用成本只有客户的高层才会关心，或者降低，或者提升某些性能参数优势的权重。例如当某项目需要采购一台燃煤锅炉时，针对热效率、使用寿命、可靠性、售后服务、价格这些指标，说服客户将你的弱项价格的权重分值降低，而将你的强项热效率的权重分值提升，以达到提升自身竞争优势的目的。

也可以先说出客户的忧虑，例如"张总，我们产品的价格比国产品牌高，你能否给我两分钟让我解释一下，然后你决定是否继续谈下去，您看可以吗?以中央空调平均 20 年使用寿命来计算，由于我们产品能耗比较低，实际上在第五年购买加能耗的费用就与其他品牌持平了，第六年开始使用成本反而更低了"。在客户提出异议前说出客户的忧虑，比客户提出异议后的辩解更有说服力。

当友商竞争处于有利位置时，更需要"强化"被客户忽视的弱点，如友商的负面案例、产品和方案的缺陷，提醒不良后果引起客户的关注。但注意不要在公开场合诋毁，通过你的支持者反映事实情况比你说要有效得多。而客户提出你的劣势，也许就是对方故意设的局，让你难堪，例如招标中的现场讲标，由招标方提问，提的问题往往会让你很难回答或者击中你的弱点，这背后往往有友商在操纵。

而友商的优点要“弱化”，例如国际大品牌到货安装时间长、零配件贵；一线品牌不如本地供应商售后服务及时。工程机械公认的品牌质量一流的是美国卡特，但目前国产品牌工程机械的质量已经很好了，碰到卡特的忠诚客户，国产品牌的销售人员可以这么说：“如果你 10 年前要多花 50% 的钱买卡特，我不拦着你；5 年前买卡特，你有钱我也不说什么；但是今天还买卡特，我真的忍不住要说几句了。其实，现在所有品牌工程机械的零部件都是国内厂家提供的，国产工程机械的质量很好，都出口了。如果你还担心质量问题，国产工程机械的保养维修更便宜，服务网点也更多。”

微观对比说到底是比谁的客户关系更好，价格不是客户选择你的主要因素。在这个具体的项目上，你与友商之间谁对客户需求的把握更准确？关键决策人支持谁？谁的教练级别高？你的支持者是铁杆支持者还是一般支持者？谁进入项目的时间更早？谁获得客户信息的质量更高？跟企业本身能力和资源关系不大，销售人员的业务水平可以改变与友商的力量对比，一个小品牌最后打败大品牌，高价打败低价，是由于微观力量对比获得的优势超过了宏观带来的影响。

从个人关系层面看，你是在客户的私人空间还是工作空间？如果对方给你联系方式、加你微信或给你私人手机号码、接受礼品、愿意在非工作时间和非工作场所沟通，且与你无话不说，有深层次的需求沟通，那是处于他的私人空间，是对你信任与关系融洽的表现。相反，只说官话、套话、空话，只在工作时间和工作场所沟通，工作时间以外不接电话不回信息，那还处于工作空间，你们的关系就一般。如何从工作空间转化为私人空间？我们在下一讲再做讨论。

下面我先讲一个夸张的故事。我年轻时认识的一个销售同行，他有一个很重要的潜在客户家里办丧事，他主动去参加丧事并且帮忙张罗。在农村办丧事有很多仪式，结果这位老兄还披麻戴孝哭得像失去自己的亲人一样，以至于客户的很多亲戚朋友都打听他到底是谁。当时很多人包括我都对他这个行为非常反感，太假了。后来他说眼泪是真的，不过是为自己伤心。客户不傻，但确实也被他所感动，他从而成功地进入了客户的私人空间，只是出此奇招的个人成本有点高。

最后也要提醒大家，一旦获得竞争优势，最好加速推动采购流程，以空间换时间，以免夜长梦多。经常采用的三种策略是：屏蔽关键信息，销售人员常常被告知项目还早，而实际上友商合同都快签了；发布虚假消息，我们也常常被友商误导，说这个项目你们没希望；标书公示后三周内速战速决，也有故意在节日长假前进行标书公示的。

总结：

与友商竞争对比分析，包括宏观和微观。宏观力量短时间无法改变，微观对比是可以被销售改变的。宏观竞争分析有三个点：你的卖点、客户的关注点和痛点、友商的弱点。我方的卖点要强化和转化；友商的卖点要弱化，弱点要强化，如图 6－1 所示。

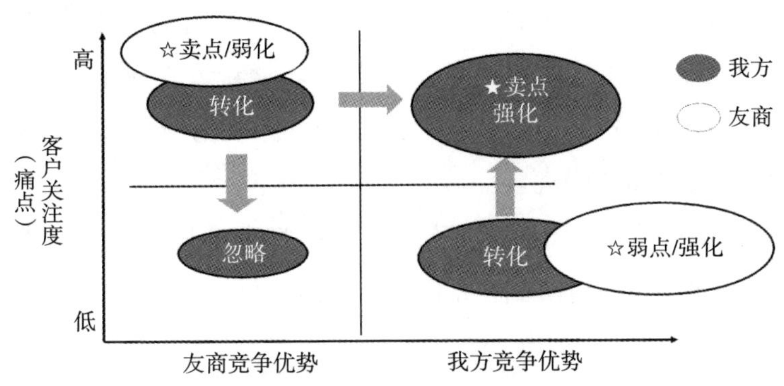

图6－1　扬长避短的竞争策略

第二十三讲　将沟通从工作空间转向私人空间

谈生意前建立私人关系的方法有很多，比如请他吃饭、送他礼物、为他办私人的事情（例如解决孩子的上学问题）、陪他聊天。前三个方法很不错，绝大部分销售人员都在用，但是有成本；而会聊天不仅成本低，还能越聊越让人信任你、喜欢你，产生“你懂我”的感觉，觉得跟你在一起很开心。

与人聊天的话题有以下两类：

风险话题：人生哲学、对某些社会现象的见解、个人经历和规划、家庭与婚姻状况。

安全话题：交通、天气状况、喜欢的美剧及韩剧、行业话题、业务问题和挑战。

谈论风险话题可能让人觉得被侵扰，但也容易与对方产生心灵的“链接”，最有可能建立亲密关系。谈论安全话题不容易冒犯对方，也不会透露过多的个人信息然而，风险低的话题却不能缩短人与人之间的距离。

根据从安全到风险的等级，我们把聊天话题分为五个层次，如图 6－2 所示。具体内容如下：

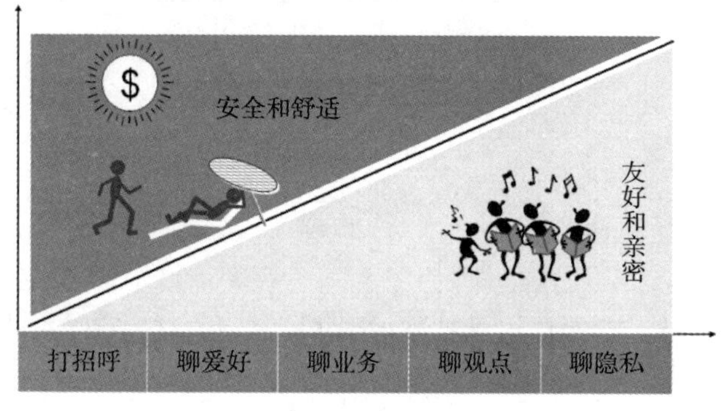

图 6－2　聊天话题的五个层次

（1）打招呼。例如：“早上好”“张总您好”，等等。如果你跟一个人只是打招呼，你们的关系就是最浅层次的。不过，对陌生的客户，从打招呼开始是让对方觉得比较安全的方式，也是初次见面打破双方陌生感的破冰。当然，打招呼不是完全没有风险，叫“小姐”还是“女士”，叫“姐姐”还是“阿姨”，要好好斟酌。

（2）聊爱好。人最喜欢的是自己，除了自己，还喜欢跟自己有共同点，有共同的爱好、共同经历的人（老乡、校友），人都喜欢与和自己有共同点的人交流。有心理学家说，要获得客户的好感，最好要做到四大同步：语气、语调同步，情绪同步，表情同步，肢体动作同步。无论是打招呼还是聊爱好，其实都是在说废话、套话，但没有这些场面上的话，就没有机会对客户说接下来重要的话和心里的话。我们建议一定要加客户的微信，除了能获得对方很多有用的信息，通过参阅对方朋友圈的转发和日常生活动态记录，还可以获得其爱好等日常生活信息和他的价值观，便于以后沟通时有共同的话题。

（3）聊业务。注意，不是聊我们的方案和产品，是聊客户的问题、痛点和要实现的目标，这表示你从对方的角度出发，真正关心客户，无疑能拉近双方的距离。客户愿意和关注他们问题的人做生意，你提供解决问题的办法，你的对手在推销产品；你帮助客户打好一个洞，而你的对手只是提供了一把电钻，客户还不知道怎么用。

（4）聊观点。当一个人开始跟你聊自己真实的想法、观点、价值观的时候，他和你的亲密度就又近了一个等级。比如聊他对某件事情的看法，对某个人某些行为的看法。认同客户的观点是最好的，为他的文章和转发的文章点赞，也就是对他的观点的认同和支持。但是你不可能跟所有人的观点都一致，不要争论，我们不是去争对错的，尊重对方的观点，表示理解就行。

我有个同学的帖子写得非常好：你处在一维世界只看到一根线，处在二维世界看到一个平面，处在三维世界可看到一个空间，处在四维世界可以看到过去和未来！如果你进入更高维的世界，你可以看到别人看不见的东西！每个人应胸怀谦卑，修炼内心，求同存异，相互包容。

（5）聊隐私。你知道在一个人面前能够敞开心扉的感觉吗？在适当的时候坦诚地自我暴露，向对方分享你的错误、弱点，虽然是个高风险的举动，但很容易跟对方产生心灵的“链接”，拉近与对方的距离。什么是闺密？就是能互相分享很私密信息的女朋友。

例如：你说：“张总，能不能向您请教？我现在有点困惑，家里催我结婚，可我想趁着年轻再拼几年，能像您一样成功，您在我这个年纪的时候是怎么做的?”当你把自己的秘密告诉对方并请求他的建议的时候，是把对方当成朋友和长辈袒露自己，而人一般都有好为人师的习惯，感觉距离一下子就拉近了。有的时候我们也“坦率”地把成本底线告诉对方，说明自己没有多少降价空间了，以取得对方的信任和谅解。

总结一下，聊天是一门艺术，要学会如何从打招呼、聊爱好、聊业务、聊观念到最后聊隐私。没有说一些场面话，就更没有机会说心里话了，从开始聊安全话题到最后聊能建立“链接”和友好关系的风险话题，向客户逐步打开心扉，就可以建立良好的私人关系。相反，如果你永远在与客户聊天气、八卦新闻，那你与客户的关系就一直停留在工作空间而到不了对方的私人空间，你与客户就永远是工作关系。

当然，你一下子就与客户聊隐私，也有可能让对方感到很唐突。“交浅言深”也是商场大忌，如果越过了对方的舒适边界，可以再返回到安全话题，逐步建立信任。有一次，我感觉跟一个客户沟通得还不错，便学着从老销售人员那儿学来的套话说了一句：“领导，您有什么要求尽管跟我说，我一定尽最大努力满足。”

不料对方明显不悦，我马上说：“我的意思是说这次考察您有什么要求？想重点看哪些地方、哪些企业?”

总结：

谈论风险话题容易与对方建立亲密关系，谈论安全话题不能缩短人与人之间的距离。关键是如何从安全话题过渡到风险话题，将沟通从工作空间转向私人空间。

第二十四讲　不要成为客户的 B 计划

买房需要有一个备选方案，人生也需要 B 计划。项目销售要避免的情况是，客户一开始就没有把你当成选择的对象，你只是被客户当成 B 计划，甚至还不是 B 选择，而是 C 选择，在力量对比中你完全处于劣势。你拼尽全力跟着友商跑完全程，最后发现自己是陪练。

项目销售不同于长期采购，你与友商基本上是一场零和游戏，第二名很惨，觉得自己成功的希望很大，投入大量的人力、物力。最终，客户对你说："感谢你们的支持，你们很有实力，也确实很优秀，但出于综合考虑，很遗憾本次采购决定不选择你们，希望下次有合作的机会。"

客户之所以明知你没戏，还希望你积极参与，原因不外乎下面几条：一是把选定的供应商的价格压下来，因此急着要你报价，你报完价就没有消息了，第一个报价的人往往没戏，因为客户拿着你的价格去找第二家压价，压价以后再找心目中的"白马王子"，问："这个价格你做不做?"二是以防万一，留你当个备份，既然是万一，那你成功的希望就是万分之一；三是投标要三家，拿你凑数陪标；四是客户本身不专业，因此花时间跟你沟通技术细节，想找一家专业的供应商免费咨询。尤其让人气愤的是，客户拿着你的方案和报价对友商说："这个能不能做?"

其实，销售人员也隐约感觉有点不对头，但宁愿相信订单还有希望，不到最后一刻，总是抱有幻想。客户不会明确告诉你真实的情况，因为还没到最后时刻，这出戏还要你陪着演下去。知道自己是备用人选不可怕，至少还有补救、翻牌的机会，可怕的是不知道自己是备胎或者假装相信订单还有希望。投资大师巴菲特告诉我们：打牌时，如果几轮下来你还不知道牌桌上谁是傻瓜，那么你就是那个傻瓜。

如何准确地判断你是不是客户的凑数供应商呢？一般来说，项目介入得越早，成为备选的可能性越小；在客户采购后期投标前才介入，陪标的可能性就很大。除此之外，还可以根据以下情况判断：客户拒绝引见领导和同事；没有一起界定需求、讨论方案，只要求方案报价，对方案也不提什么意见；客户似乎很专业，“这个我们了解，我们会考虑，你们只要根据方案报价就可以了，回去等通知吧”。客户采购标准明显对你不利，或者在项目后期突然提出新的需求，而这个功能恰巧你做不到；公司参观也是走过场；双方高层没有见面，如同你和一个女孩准备结婚，但双方的家长都没见面，这可能吗？

如果判断就是备胎，怎么办呢？有以下四个策略：

第一，挑毛病。直接找到更高层的领导，提出强有力的理由：价格不合理、方案有缺陷。“董事长，我们的产品不错，完全满足咱们项目的要求，但我们来得晚，与设计师沟通得也不多，今天来找您，就是想跟董事长汇报一下，金属吊顶就是个通用产品，各家的技术标准都一样，我们的产品完全符合国家标准，应该选择性价比高而不是跟设计师关系好的厂家。”如果对方做局的痕迹太明显，甚至可以向有关部门投诉。但这个方法的难度有点大，是没有办法的办法。

第二，搞是非，以友商的产品质量与服务问题取而代之。当然，这需要你的支持者的帮助，但必须有充分的理由。以前我们有个经销商在机场项目中为了把对手撬掉，天天在工地转悠，终于在对方送的一批货中找到问题。行业中，防火石膏板的纸面用粉红色，只是为了与普通石膏板的象牙色做区分，但价格差好几倍。不知道为什么，友商有一批防火板是象牙色的，于是他拿这件事向甲方投诉友商行为不当，硬生生地把对方挤走了。

第三，等机会，客户关系恶化、友商质量与服务问题爆发。当项目周期长、分阶段实施时，也可以等待友商出错。只要不下牌桌，总有翻盘的机会。但把希望寄托在别人身上是比较被动的，成功的概率很低。

第四，及时止损，抽身离开也是一种选择。明明知道那个项目是没有希望的，你却在这里浪费太多的时间，消耗资源或更多的销售机会。客户不明确拒绝你，经常用这样的话来搪塞你："我们要考虑考虑。"其实他已经不想跟你合作了，但又不想伤害你，因为他说不跟你合作了，他还得给你解释原因。更早地知道真相对销售人员来说有利无弊，因此，你不妨对客户挑明："如果不选择我，我也能接受，但是请明确地告诉我。""张总，这个项目我们还有戏吗？"销售人员一般不敢这么问，因为要面对很残酷的现实，但你本来就不曾拥有，也就无所谓失去，难道不是这样吗？

接下来是我的一个学员在课堂上分享的真实案例。

某日企品牌电梯销售人员接到甲方客户的电话，客户要在西藏新建五星级大酒店，需要采购6部电梯，邀请供应商来谈方案。这是个大买卖。于是，销售人员去见了甲方负责此项事宜的机电主管，在进行了充分的技术交流后，提交了方案。过了一段时间，甲方机电主管的要求有了变更，说其提供的电梯方案中的标准轿厢尺寸不符合五星级大酒店的需要。销售人员说动了生产部门的领导支持，同意电梯根据要求定制生产。在和甲方机电主管及负责初步设计的建筑设计院工程师进行交流以后，销售人员重新提交了修改过的方案。可是在招标前，甲方突然又要求销售人员提供某项欧盟的技术认证，而要做这项认证，除了要花费不菲的费用外，时间也是一个问题。现在销售人员的选择是什么？按甲方新的要求申请公司进行认证还是……

这个销售人员之前跟他的老板讨论过这件事情，老板跟他说："你能保证这个项目成功吗？如果你有7成以上的把握，我就同意做这个认证。"问题是他也不敢打这个保票，怎么办？本讲我先不提自己的看法，大家先思考一下，我在下一讲谈自己的观点。

总结：

不要成为客户的B计划。但只要认清事实真相，确认自己的竞争地位后，至少还可以有四个补救措施：挑毛病、搞是非、等机会、及时止损。

第七章
项目目标与竞争策略

第二十五讲　你真的想清楚销售目标了吗

前面我们做了三大分析——组织分析、需求分析、竞争分析，那么接下来就该谋定而动，选择销售目标和竞争策略。我经常听一些学员说：“这个项目我们志在必得，领导要求不惜一切代价，一定要做下来，这是下了死命令的！”

第一种目标：志在必得。销售目标就是拿订单，这当然没错。请注意，如果没有任何前提，这其实是比较危险的。你可以用任何的价格、任何的付款条件，意味着你是没有任何底线的，甚至有销售人员对客户声称：“友商什么价我们就什么价，我们永远比他们价低。”我曾经对一个企业做过一项调查，发现其所有成功的项目都是价格最低的，而失败的项目价格都不是最低的。志在必得的目标是有底线的，否则这样的项目即使做下来也是失败的。

第二种目标：获得利润。但这是有前提的，你的关系特别硬、方案和产品无可替代、甲方决策人或有影响力的设计师指定等。前面的电脑芯片厂房的案例，就是通过为设计师提供满足超高度、隔声和 4 小时防火要求的系统解决方案而被设计指定。其间，同档次友商以单个产品低价竞争，但由于无法提供解决方案而没有成功，最终该公司以超出同类产品平均利润 40% 成交。还有一种情况，第一个项目可能是不挣钱，但提供与友商不兼容的系统或设备以排除对手，然后在第二期、第三期里以单一采购来源的身份得到挣钱的机会。

第三种目标：样板工程。项目不在于挣钱，只在于在这个区域、这个行业树立一个标杆，因为如果没有样板工程，接下来要开拓这个市场、开拓一个行业是比较难的。比如客户问："你们有没有做过什么医院项目？""你们有没有做过大剧场项目？有没有成功案例？"没有成功案例就无法让客户放心把项目交给你做，客户怕自己成为小白鼠，友商也可以用这个理由打击你。

第四种目标：建立关系。所谓建立关系，就是希望未来找到一个机会，通过此项目跟客户建立关系，或者按照客户的意思报价，卖个顺水人情，因为客户说："这次配合一下，下次给你们机会。"平时直接去找客户还不一定接待。

A 公司是某地产集团项目供应商，与客户有一些合作，希望成为其战略供应商。战略采购部一把手即将退休，某副总已内定为未来一把手。现在有个不到 100 万元的小项目，某副总推荐了代理商甲品牌，项目经理推荐代理商乙品牌，招标部门请你的品牌去帮忙陪个标，要不要去陪标？当然要去！通过陪标不但能与代理商甲合作，也可以借此与某副总建立联系，最终目的是成为战略供应商。

第五种目标：打击对手。有个学员说："我做不成也不让友商好过，放一个低价让他觉得很难过，也让支持他的人在内部很难再替他说话，最后低价成交。"如果能直接找到最高领导，还有可能反败为胜。但这种方法不能常用，这是杀敌一千自损八百的策略，低价可能使你的相关联项目处于被动，对现有价格体系造成冲击，也得不到同行的尊重。

第六种目标：树立品牌。有些特别大的品牌如果在一些重要项目中不出现，可能江湖上影响不好；也有些厂家参与投标且报高价，目的是为了树立自己的品牌。在改革开放初期，一些国外大品牌还没有来得及在国内建厂，他们在一些重大项目中也参与投标并报高价，整个市场都接受这个品牌是非常高端的，然后后期在国内建厂生产后，再在其他项目中运作。

第七种目标：获得信息。其实投标是一个很好的获取友商报价的机会，而且信息是比较准确的。当然，也可以获取业主的信息。

接下来针对上一讲的案例，我给大家做一些分享。我当时问这个学员："这个项目中的竞争友商是谁?"他说："是一个欧洲的品牌。"我说："你现在是根据客户的意见改动轿厢尺寸，对你来说其实是定制。"他说："是的，电梯还加高了。"我问："定制成本对你有没有影响?"学员说："当然有影响。"我问："对友商有没有影响?"他说："对友商的影响比较小，因为欧洲品牌的轿厢尺寸本来就比日本电梯的大。"我又提了第二个问题："这个欧盟的技术认证友商有没有?"学员说："他们本来就是欧洲企业，日本企业没有。"根据这个情况，大家看一看他做备胎的可能性有多大? 我又问："项目现在处于什么阶段了?"他说："招标前的审核考察阶段。"我问："你有没有找过项目的高层领导?"他回答："没见过面。"我说："如果你还是不确定，我建议要求双方领导见面，这么大的采购不是一个机电主管能决定的。不能见面，这个项目是备胎的可能性很大。"我又说："如果你去做了这个认证，可能还会有更多的情况出现。怎么办? 搅局是一个策略；直接找到更高领导，以方案致命缺陷、负面案例、不公平竞争（如果有的话）为由中断或推迟客户采购，以时间换空间。"亲爱的读者，您的看法是怎样的呢?

总结：

项目目标包括：志在必得、获得利润、样板工程、建立关系、打击对手、树立品牌、获得信息。

第二十六讲　谋定而动，先考虑三个要素

选择什么样的竞争策略跟三个要素有关系：自身、友商、客户。从自身的角度来讲，它跟两个方面有关系，我们前面已经讲过了，一是宏观——能力和资源。二是微观——关系和活动。宏观包括品牌、产品、服务、价格、成功案例等，你的优势是什么？你的劣势是什么？微观包括进入项目的时间、教练级别、客户需求把握、决策者的态度等，你的优势是什么？你的劣势是什么？反过来，友商也是一样。三是跟客户有关，客户的采购流程和决策、采购标准是什么？他的部门和个人驱动力是什么？采购组织的立场、内部政治、角色、影响力如何？

除了静态的因素，还有三个因素的动态变化，包括自身的变化、友商的变化、客户的变化。比如客户的组织架构变化，某人的职位有变化，态度发生了变化，需求发生了变化，采购流程发生了变化；友商与客户关系发生了变化，原来与客户对接的人离职了，质量有问题了，有方案缺陷或负面消息，等等。事实上，外部环境，例如经济变好或者变坏，这些变化都有可能给你带来正面或者是负面的影响，导致你采取不同的竞争策略。下面我用三个案例来说明这三个变化是如何影响你的竞争策略的。

第一个案例与友商和客户关系变化有关。

曾经有一个项目，一期项目我们失败了。到第二期

的时候，我当时也觉得没有希望，因为友商一期做得比较成功，而且客户关系维护得相当不错。不过后来我得到一个消息，一期做项目的销售人员跳槽了，二期来了一个新人，也许他感觉一期项目做得不错，该做的关系也都做到位了，二期项目应该顺理成章了，所以销售人员的反馈也不及时。而客户的看法不同，认为这就是一个新的项目，你该做的工作还得继续做，而且友商换了人，原来的关系也就不存在了，因此对友商产生了不满，但是客户要重新选择供应商也不太容易。

于是，我主动找到了客户的负责人说："我们一期没有做，仍然想在二期争取一下。现在他们觉得项目稳操胜券，二期一定会选择他们，不如我们假装谈合作，给他们一点压力，看看他们有什么动静。"客户说："那挺好，也需要给他们点压力，否则他们也不把我们当回事儿。"有一次，友商那个销售人员遇到我说："你们瞎折腾什么呀，一期我们把标准和接口都定死了。"结果客户先把外围设备给了我几台，最后陆陆续续二期我们做了不到20%，几十万元的订单我们也非常认真地去做。然后第三期的时候，90%都被我们做完了。这是利用客户不满友商和友商换人的机会，采取的是化整为零的战术，先从小额订单开始，由此作为契机进入客户供应商的体系，逐步建立关系，最终成为客户的主要供应商。

第二个案例与客户组织变化有关。

我们有一个重要的潜在客户，是一家大型地产公司，我们也一直想挤进其战略供应商体系中，其间有一些零星的订单，但一直没有大的进展，因为地产公司战略采购部的李总监有他的理念：认为减少供应商数量，集中采购，可以获得供应商最优惠的价格，同时也减少因引进新供应商而产生的大量评估工作。目前友商与地产公司合作很顺利，与李总监的关系处理得也不错，偶尔有几次质量和服务纰漏，但友商公司的处理很及时，没有造成太大的问题，因此引进新的战略合作供应商的机会不大。

然而，我们通过一个隐秘的渠道得知：李总监近期将会离职，他被另一家同行聘用担任集团副总裁，而采购总裁的职位将由原来的采购部王经理接替。我们曾与王经理有过一些接触，知道他与李总监有不同的采购理念，主张供应商来源的多样化，这样可以规避无法交货的风险，而且一家独大难以形成市场竞争，容易产生垄断，对采购方不利。于是我们提前布局，开始频繁与王经理沟通接触，关系也越来越融洽，6 个月后成功与地产公司签订了战略合作协议。

第三个案例与我们自身有关。

在某个项目中，业主中原来有一个跟我关系不错的采购主管，除了工作上正常的沟通，私底下来往也很频繁，项目得到他很多帮助和指点。但是有几天我发现他一直回避跟我的接触，周末请他出来喝茶、吃饭也以加班、送小孩补课等理由拒绝。于是我通过其他途径了解到：原来是上周大老板突然给他们打了招呼，我们这块的产品要选择另一家供应商。我当然也理解，在这种情况下他选择了回避。因此，这个项目我最好等等看，避免进一步投入，或者干脆放弃。

项目中的变化给你带来的有些是正面影响，有些是负面影响。当你面临如下情况，通常预示着什么？项目进度变化（加速或者推迟）、项目小组人员异动（是你的支持者或者反对者）、项目小组人员的态度变化（原来中立者最近亲近你了，原来的支持者现在疏远了）、招标规则或招标流程变化、设计方案突然变更、前期未中标项目后期甲方突然主动要求继续合作，这些现象都值得你思考或警惕，并及时调整，以采取相应的竞争策略。

总结：

选择竞争策略有三个要素——自身、友商、客户，同时还与这三个因素的动态变化有关，如图 7－1 所示。

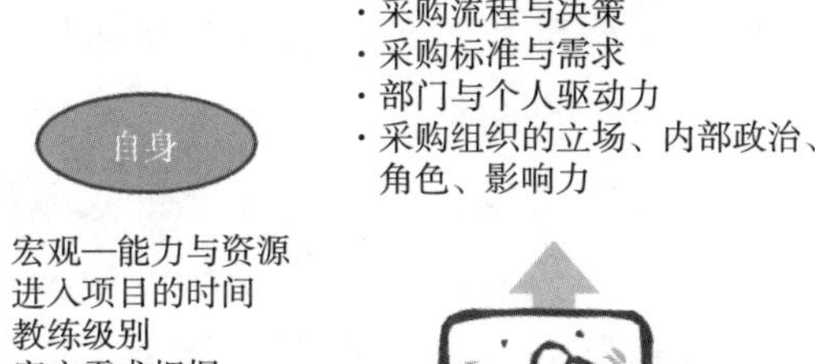

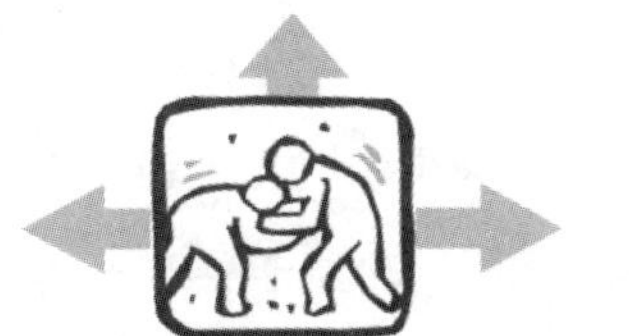

图 7－1　竞争策略的三个要素

第二十七讲　六大竞争策略选择

一天，一位鞋商把他的两个销售人员叫来说：“给你们一个任务，谁能完成，我将会给他丰厚的回报——你们谁能把鞋卖到非洲？”甲说：“老板，你这不是难为人吗？怎么可能把鞋卖给非洲人呢？那里的人根本不穿鞋。”乙说：“老板，我去！多好的机会、多大的市场啊！要是非洲人知道穿鞋的好处，那得有多少人买我的鞋啊。如果等若干年后再去，非洲人都穿鞋了，知道阿迪达斯的鞋子很棒，耐克的气垫鞋也很好，那我们就没机会了。”

甲是最常见到的销售人员，当客户有显性需求时他们才出现在客户跟前，但这样的客户往往精明、难搞且竞争对手多，最终免不了是价格 PK；乙面对的客户有问题需要解决，非洲人赤脚走路毕竟很痛苦，但一时找不到解决的办法，乙通过提供建立先入为主的解决方案，最终以价值获得订单。

项目销售的竞争策略就是根据客户处于隐性需求阶段还是显性需求阶段，也就是项目处于方案阶段还是招投标前阶段，制定出不同的竞争策略。对于大项目来说，当然是越早进入越好，可以采取“先发制人”的策略；但没有机会这么做的时候，或项目本身不太大，就可以依次采取“正面进攻”“侧面进攻”“分而治之”“搅局”“静观其变”的竞争策略，具体如下：

先发制人。必须在项目前期就介入，先于友商拜访客户、先于友商与客户进行技术交流、先于友商与客户进行商务沟通，建立先入为主的影响力，目的是让客户选择你提供的方案，建立排他性的技术壁垒和商务壁垒，与客户建立战略联盟。先发制人赢得业务的概率比较大，但是来得早不是没有风险，搞不好就会出现投入大量的时间和金钱却被后来者靠价格打败的局面。因此，对项目要有一个前期评估，这个项目是否值得投入，然后再花时间、花精力去跟踪；如果是小项目，也没太大的价值，那就“短平快”解决。

正面进攻。产品和方案符合客户的标准，具有 3：1 的压倒性优势，以占优势的价格、产品性能或强势客户关系等直接夺单。例如你有价格优势，同时客户是价格导向型，当其他条件旗鼓相当，而你比友商报出更低的价格时，可以使对方的支持者失去支持他的合理理由。采用这种策略的关键是保持优势，推动客户尽快签单，以空间换时间，以免夜长梦多。有的时候采用这种简单粗暴的手段，往往是项目已经到了后期和招标前期，客户被友商搞定，再用正常套路成功的概率不大，只能靠价格把友商的生意硬生生地搅黄了。不过这种策略是杀敌一千自损八百，即使你赢了，往后的日子也不好过。有时候客户很愿意以这种方式让供应商互相竞争，以便渔翁得利。

侧面进攻。一般在初步设计结束以前，当前的方案不成熟，客户需求不明确，供应商还有影响客户的空间。根据你独特的优势，对客户需求重构和重新排序。例如加大某些性能、参数优势或者成本优势的权重，使你的产品或方案在评标得分中占有优势。注意：现有方案的不合理性造成的问题对客户的哪个部门、哪个人的影响最大，其就可以成为我们的教练和坚定的支持者。

例如有一家生产大型空调设备的跨国公司 E，产品主要应用于建筑楼宇。他们的产品品质非常好，但进入中国市场相对较晚，因此在销售方面始终落后于友商。他们的产品与友商对比，最大的特点就是运行平稳、低噪声。有一个音乐学院的项目，本来甲方设备部门已经决定选用全球第一品牌A公司的产品，后来E公司的销售人员发现甲方的机房旁边就是调音室，而调音室需要非常安静的环境，于是他们找到了学院的领导，引导客户产生对噪声的担忧，继而成功地用运行平稳、低噪声的优势屏蔽了友商，一举中标。

分而治之。当与友商难决高下时，为避免恶性竞争，利用自身局部的优势，找一个“利基”市场，与友商分享订单；或者强强联合屏蔽其他友商，例如高端品牌联盟屏蔽低端品牌、国内品牌联盟屏蔽国外品牌、本地品牌联盟屏蔽外地品牌。还有一种情况，双方都有强有力的上层支持，项目当事人很为难，让你们各做一半。只是这种策略业务只做了一半，成本有点高，只能着眼于未来，等待未来的商机。

某市模拟监控项目，电信垫资建设，局科技科为最终用户，局后勤保障部是出资方。设计和招标公司均为电信所属子公司，整个项目电信参与力度很大，比较强势。局科技科支持C公司，C是外资品牌，对项目毛利要求较高；局后勤保障部支持A公司，A为民企，商务费用较高，擅长低价竞争；电信支持B公司，B亦为民企，商务费用较高，有价格优势，但不单靠低价竞争，更擅长商务公关。B公司认为：无论是从品牌定位还是产品质量而言，A公司都与其类似，恐怕会影响其“操作”空间。在局科技科牵线支持下，C公司与B公司谈判，由C公司和B公司一起来做这个项目，依靠电信的支持排除了局后勤保障部支持的A公司。C公司的价格也为B公司提供了操作空间，最后的项目结果是：C公司签约大概1000万元，毛利比行业平均水平增加了30%左右；B公司签约大概2000万元。

搅局。用这个策略的前提是，友商比你强，他们工作做得早，客户也许被搞定了，你在竞争中处于不利位置。可是你找到了强有力的理由，例如友商价格虚高明显不公平、方案有明显缺陷、有负面案例等。同时能找到客户更高层领导进行直接干预，来中断、推迟客户的采购流程，以时间换空间，这个策略是没有办法的办法，一定会得罪某些人。

这是一个五星级酒店的幕墙项目，是我在扫街的时候偶然看到的，直接找到业主的项目经理，项目经理对我很冷淡，说："你来晚了，我们都已经定了。"没等我说完话就把我请出了办公室。看他的态度，一定是被搞定了，但我不死心，通过一个设计院的朋友了解到这个项目的一些信息。这个项目是由一家民企投资的，幕墙的供应商确实定了，采用框架式幕墙方案。从技术上说，框架式方案已经过时了，现今的标志性建筑的幕墙工程、高层建筑中越来越多地采用单元式幕墙。了解这些情况后，知道业主每周有一个沟通会，董事长也会参与。因为没人介绍我只能硬闯，等他们会议结束时我找到董事长，董事长说："这事你去找项目经理。"我说："董事长，这件事关系到这个大楼的质量和进度，能不能给我 5 分钟时间?"董事长说："好，你说吧。"我说："董事长，我了解到目前咱们这个大楼采用的幕墙方案是比较传统的框架式方案，我稍微给你解释一下。框架式方案简单地讲就是把散件运到工地，然后再安装起来；现在比较先进的都是单元式的方案，在工厂全部做好，然后在工地整体安装。您想想看，幕墙的质量哪个容易控制呢？框架式方案现在已经非常少了，这个方案不但施工周期长，影响到酒店的开业时间，而且质量很难控制，容易漏水，万一有一片玻璃掉下来，伤人就麻烦了。现今的标志性建筑的幕墙工程都运用单元式幕墙，因此目前采用这个方案对业主来说是有一定风险的。"董事长一听急了："从没有人这么跟我说过。"他马上打电话把项目经理叫来，问："这个方案到底是怎么回事儿?”你也猜出来了，我们就是单元式幕墙的供应商。后来施工方案修改了，但我开始没说的是：单元式幕墙价格贵。最终，我们在这个项目上用一个优惠的价格成功胜出，这里就不详细叙述了。

静观其变。当友商的优势，我们暂时明显看不到机会，且项目周期长、分阶段实施时，可以等待客户决策改变、客户组织变化、需求改变，或友商与客户关系恶化、质量与服务问题爆发，再及时调整，采取相应的竞争策略。总而言之，等待友商出错，只要我们不下牌桌，总有翻盘的机会。但这个策略是很被动的，即把希望寄托在别人身上。

我曾经有一个国企项目，本来没有抱太大的希望。因为前面有两个友商的希望很大，我们基本上就是捧场。但是后来因为他们竞争太激烈了，竟然互相揭发对方不公平竞争，结果纪委来调查，把项目都推迟了。后来甲方为了避嫌，干脆跟他们两家都不签约，这个项目让我们得到了。

总结：

项目销售中一般可以采取的竞争策略选择分别是先发制人、正面进攻、侧面进攻、分而治之、搅局、静观其变，如图 7 - 2 所示。采用先发制人、正面进攻的成功率最高，这是销售人员在项目中逐步建立竞争优势的过程；侧面进攻、分而治之的成功概率次之；搅局意味着在没有优势的情况下峰回路转，确实是个好故事题材，销售人员在复盘的时候也会津津乐道，但实际上成功的概率很低；而静观其变成功的希望就更渺茫了。

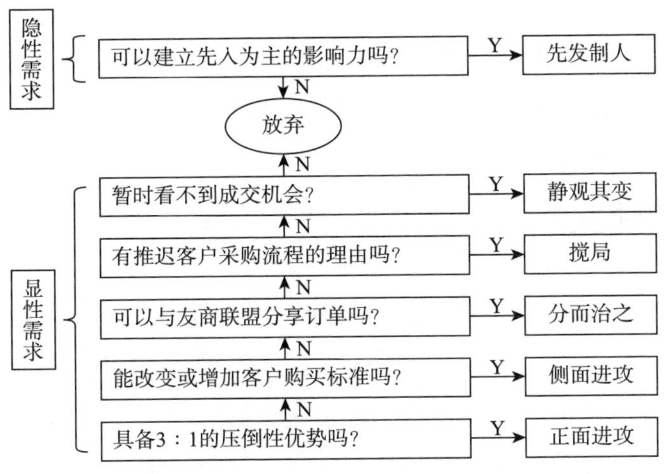

图 7－2　六大竞争策略

第二十八讲　有一种胜利叫撤退

有家企业的业绩很差，领导已经到了崩溃的边缘，正巧一个项目招标，希望他们能应标。上吧，前期一点工作都没做过，成功的希望很小；不上吧，看需求少说也有 500 万元，万一成功，对公司就是一针强心剂。做这个决策确实不容易，最后领导决定还是先和销售部商量一下，摘录大家的发言如下：

甲：“作为销售人员，不能放过任何机会，哪怕只有一线希望，也要尽 100% 的努力。销售人员就要迎难而上，不经历风雨，哪能见彩虹?”

乙：“这个绝对不能上，闭着眼睛都知道，这种项目早就被人搞定了，你看标书写的，不是行内人代笔才怪。这样的项目纯属浪费时间，也浪费差旅费，有这个工夫还是到别的地方碰碰运气吧。”

丙：“干脆这样，我们随便写个应标书，报个能报的最低价，能拿下来当然好，拿不下来，也把对手的价格拉下来。咱们没戏，别人也别想好过！”

案例中的项目希望非常小，就是友商做了局，让你去陪标的。不过，比陪标更可怕的是你不知道自己是陪标的。现在假定有99%的可能性是陪标，而且翻盘的机会很小，怎么办呢？“有一种胜利叫撤退，有一种失败叫占领。”如果前面6个策略中的正面进攻或者搅局都无法实施，最后放弃也是一种明智的选择，至少有机会去做更有希望的项目。我把它叫作终极大招，但实际上用这招的销售人员很少，前期投入太多，太多的沉没成本，销售人员不是及时止损而是孤注一掷地投入更多的资源。

但是有的读者说：“希望渺茫不代表没有希望，万一不是你所想的，大家都没有做工作，投标就是实力较量呢？放弃岂不可惜！”这不是没有可能，在公开招标的国家项目中会有这种情况出现，可以操纵的空间相对较小，同时企业本身的实力比较强，有可能中标。那么，在放弃前再做一件事，客户要求你回应标书时提出交换条件，表明在对项目没有了解的情况下，出具方案应答书是对客户不负责任的。希望了解相关领导的要求和想法，请对方费心安排一下，“球”就在客户那边了，客户的反应通常有两个：同意或者不同意。如果同意，见机行事，用正面进攻或者搅局策略；如果不同意，可以选择放弃，但既然来了也不能白来，可以选择以下方式：

（1）报个低价，让友商难受；

（2）报个高价，体现我们公司品牌的价值；

（3）按照客户的意思报价，因为客户说：“这次配合一下，下次给我们机会”；

（4）继续与客户搞好关系，为下个项目做铺垫；

（5）重在参与；

（6）碰碰运气，但不抱希望；

（7）直接拒绝。

即使拒绝也要礼貌地拒绝，你可以回复客户："感谢您的投标邀请。按照我公司的相关规定，在对贵公司没有任何了解的情况下参与投标，对双方来说都存在一定的风险（或者以时间不够为理由），本着对客户负责任的态度，无法参与此次投标，很遗憾，期待下次与您的合作。"

8 年前，我接到一个世界 500 强石油企业培训专员的电话，说有一个营销定制课程的项目，要求我们公司派人去谈一谈。与对方见面以后，了解到对方正在启动一个"培养内部培训师"的项目，需要根据他们公司的实际情况定制一个"战略大客户管理"的内部培训课程。拜访快结束的时候，我对培训专员说："这个项目与一般的培训还是不同的，而且时间比较紧，需求比较复杂，为保证项目的顺利实施，在我们正式提交方案前，是否安排与培训总监或销售总监见一面?"但是我的请求被对方拒绝了。因为是初次合作，我们还不是他们的正式供应商，还要求提供一大堆公司文件，非常麻烦。其实我在拜访以前了解了一下，这家公司目前有两家密切合作的供应商，且都是国际知名的培训公司。回去以后我考虑再三，正式通知对方：由于时间太紧，我公司决定退出此次项目的竞标。对方的培训专员非常诧异，很显然他没有碰到过这种情况。

第二天，我意外地接到他的上司——培训总监的电话，问我不参加竞标的真正原因是什么，我只能如实告诉他："我们只是一个小公司，与贵公司从来没有合作过，和你们目前的供应商相比并没有多少胜算。"我也很坦率地告诉对方："最主要的是我们不想做备用人选，在不可能成功的项目上浪费时间，如果我们连这点都判断不出来，我们就不配给你们做营销培训了。”对方沉默了一会儿，问我能否再去一次公司，当面谈一下。

后来我才知道，他们原来的两个供应商确实也参与了竞争，只是客户觉得他们在“战略大客户营销”这个模块上不太专业。听说我们公司是专业研究 B2B 营销模式的，因此请我们公司参与。不过，他们最大的顾虑还是我们不是他们体系里的供应商，对我们不太了解。对培训总监而言，选择目前的战略合作供应商也许不是最合适的，却是最安全省心的。培训总监也很坦率地说，其实在竞标前他心中已经有内定的人选了。鉴于我们确实表现得非常专业，培训总监最后还是选择和我们合作，不过并没有直接和我们签合同，而是指定我们公司成为目前体系内供应商的分包商，负责整个项目的其中一个模块，这样做对他而言是最安全的。当然，我们完全是正常的报价，最后项目我们做得非常成功，客户相当满意。通过这个项目，我们后来成为这家石油公司的正式供应商，以后的合作就顺利多了。8 年来，我们一直是他们很重要的培训供应商。

总结：

在项目中如果确实是陪标，而且翻盘的机会很小，放弃也是一种明智的选择，至少有机会去做更有希望的项目。

第二十九讲　建立先入为主影响力的手段

你有喝牛奶的习惯吗？你每天要喝多少牛奶？如果我告诉

你，从今天开始不要再喝牛奶了，因为没有一种动物或生物是终身喝牛奶的，除了人类。小牛长大后是吃草的，所以人类喝牛奶是明显违反大自然规律的。那不喝牛奶喝什么呢？最好喝豆浆，最好买豆浆机自己磨。买什么牌子的豆浆机呢？对了！九阳。你们现在明白我的角色了吧？我是卖豆浆机的。我没有说我的豆浆机质量好，只是改变了你对事物原有的判断标准。

所谓先发制人，就是在项目前期就介入，先于友商拜访客户、先于友商与客户进行技术交流、先于友商与客户进行商务沟通，就是为了先入为主，为客户制定有利于我方的方案和标准。我以前的公司有一款批墙的石膏粉产品，而这款单一产品，友商的市场份额远远超过我们。其实行业内的专业人士承认：我们的产品质量更好一些。但因为友商这款产品进入市场早，他们的石膏粉是白色的，而我们的石膏粉是浅灰色的，市场上的客户就认为白色的表示质量好，灰色的表示质量差。这就是客户先入为主形成的判断，很难改变他们。

在工程建设项目还处于方案的初期时，客户有要实现的目标和解决的问题，但他们找不到解决的办法，例如大剧场的空间混响时间、声学品质、吸声处理。或者对已有方案不确定，例如钢结构的耐火保护是涂抹防火涂料好还是用混凝土包裹好？隔墙是轻质砌块好还是石膏板好？有很多解决方案可选择。第一步，要客户选择你推荐的方案，你是防火涂料的供应商，推荐的就是防火涂料的解决方案，这就把混凝土包裹方案排除了；你是做石膏板的，当然也要把轻质砌块先排除了。第二步，在项目初步设计阶段，在防火材料和石膏板众多供应商中设立有利于你的参数、性能和采购标准，设立技术壁垒屏蔽对手。

在制定招标文件时，说服或影响客户以我方独特的产品技术参数或技术标准作为评估的技术标准，即使友商也有同样的优势，但成本更高。也有人说，行业产品同质化严重，很难用技术指标来屏蔽对手，那也可以用商务条件来屏蔽对手，说服或影响客户以我方占优势的交货期、注册资本、经营年限、行业业绩等作为评估时的商务标准。某厂家的销售人员发现友商有一个弱点，就是付款方式比较死板，他利用与客户的关系，将付款方式作为重要的评估条件，成功地将对手挤了出去。也可以采取高端品牌联盟屏蔽低端品牌、国内品牌联盟屏蔽国外品牌、本地品牌联盟屏蔽外地品牌等方法。

招投标中先发制人策略的手段主要有以下几种：

（1）加大特定标准的权重。在综合评分法中，需要根据标的金额大小及其他特殊条件设置具体的评标标准，体现投标供应商价格外的综合实力因素，包括注册资金、成功案例、纳税金额、技术资质等。有的招标采购项目的评标标准与标的金额很不相称，故意提高评标标准，致使某些参与投标的厂商得分很低。

（2）苛刻的付款方式。某项目的付款方式为“产品经验收合格后支付合同总价的 30%；若无重大质量问题，首付之日起第 2 年年末再付总价的 30%；若仍无质量问题，首付之日起第 4 年年末付清余款”，如此苛刻的付款条件是为了吓退无关系、无背景的投标企业，最终实现“围标”的目的。

（3）严厉的违约责任。某医院发电机组招标项目中规定了供应商的违约责任，“因产品质量问题引起的一切经济行政法律责任均由供应商承担”，结果只有一家供应商前来投标，这家供应商又找了两家陪标并最终中标。

（4）无法做到的供货期限。某数控车床采购项目要求中标供应商在合同签订之日起 15 日内交货，数控车床生产企业是“订单生产”，一般不会有存货，正常的生产周期在 45 天左右，除非有现货，否则15天时间是很难交货的。违反常规的供货期限无疑会大大减少参与项目的供应商数量，而使某些供应商更容易进行操作。

（5）定对手定评委。让客户按照我方的意图选择参与友商、评标小组成员，确保我方的优势。

当然，选择先发制人的竞争策略有以下三个前提条件：

第一，因为你进入项目较早，客户有被影响和引导的空间。

第二，和客户关系要好，客户愿意帮你，为你量身定做建立竞争优势。评判标准中除了硬性标准（价格、参数、重量、速度等）外，还有软性标准（品牌、信誉、服务、价值观等），这也为愿意帮助你的客户提供了操作的空间。

有一个做低压电器的德国品牌，其在欧洲也算是一线品牌，但进入中国较晚，虽然价格有优势，但无法与进入中国较早的那些耳熟能详的国际品牌抗衡。如果业主承认你的品牌与那些大品牌是同等档次，那就另当别论，价格低马上就有优势了。因此，该品牌销售人员的主要策略是：只要客户“认可”他们是一线品牌，毕竟品牌是软性标准，无法衡量，然后再用价格优势PK大品牌，最终成功胜出。

第三，也是最重要的条件，不要违反国家的招投标法律，建立先入为主影响力的手段也不要损害项目业主的公司利益。

总结：

建立先入为的主影响力：说服或影响客户以我方独特的产品技术参数作为采购时的技术标准，即使友商也有同样优势，但成本更高；以我方占优势的交货期、注册资本、经营年限、行业业绩等作为评估时的商务标准。

第三十讲　如何让业主和设计指定上图

只要不是总包垫资，业主永远是我们重点关注的对象。项目采购有三种方式：第一种，乙方自行采购基础材料，钢材、预拌混凝土等业主不会关注和干涉；第二种，有些业主会定几个品牌，通过乙方采购，如电缆电线、配电箱柜、安装管材、阀门等，乙方一般依照最低价采购其中一家即可，供应商被业主指定入围，但面临价格竞争；第三种，对于更重要的采购，甲方通过招标、议标等形式选择供应厂商，如电梯、空调主机、灯具、石材、装饰板材、幕墙、外墙涂料、防火保温隔墙板等；第四种，招标文件中甲方指定单一品牌，提供价格，乙方据此报价、采购即可。

与业主签订战略合作协议，产品被指定的效果是最好的，例如许多大型地产公司的战略采购比重越来越大，进入其公司的供应商名录是成功的第一步。另外，说服甲方关注你的产品，影响业主尽可能甲购或者指定采购，如果做不到这些，一定面临总包和分包的无底线压价。

谈完了业主指定再谈设计。设计院一般从上到下有院长总工（分工种）、室主任、主任工程师、项目工程师；还有与工程项目中的材料、设备供应商有关的设计师，涉及多个工种，一般有建筑、结构、电气、暖通、给排水、室内设计，等等。让设计师指定或上图是除了业主之外厂家的工作重点。

曾经有一个化工项目，需要采购一批低压电气元件，共有10家企业参与竞标。其中，A企业的销售人员小张找到了负责项目的李总，李总爽快地答应帮小张运作此事，小张自认为这个订单十拿九稳了，就高高兴兴地回家等消息了。

项目进展很快，转眼就到了发标时间，小张拿到招标文件时却怎么也乐不起来了。前些天和设计院沟通时设计师还说是交流控制，甲方负责电气的工程师也说肯定是交流控制，可现在拿到的招标文件上写着：所有产品要求直流控制。这就意味着小张已经失去了参与的资格，因为他们并不生产直流控制的产品。小张立即去找李总，李总给负责设备招标的副总打了个电话，通完电话之后，李总很无奈地说："这次可能不行了，我们这边没有很懂电气的人，招标文件是委托设计院写的，他们出于技术的考虑，把原来的交流供电改成了直流控制，为此还上了一批直流电源。"

原来，B 企业的销售人员小曾接触项目不久就发现甲方都是友商的支持者，而另外 9 家中能生产直流控制的企业一共才 3 家，一个是国外品牌，价格高；另外一个实力和品牌远不如自己。通过运作设计院关系，在离招标还有一个月时，设计院的电气主任工程师终于同意以直流控制作为标准来设计，最终成功地屏蔽了另外 6 家友商，B 企业成功中标。

设计师与你合作有理由吗

设计师与你合作需要理由吗？当然。他关心什么？大概有以下几点：产品的技术性能是否满足其设计的要求；技术数据和测试报告；新产品、新技术、新应用；成功工程案例；室内设计关注色彩、造型效果。因此，与设计师打交道的销售人员需具备丰富的专业知识，与他们有相同的工作语言，关键是能给设计师的工作带来帮助。设计师是全才，但对你的产品肯定没有你懂得多，必须有整套的解决方案（图纸设计节点）。简而言之，缓解设计师出图负担和设计压力。对于你给予的帮助，设计师会给予回报，你公司的产品被采用就大有希望了。

当然，人也不是生活在真空里的。和你合作有什么好处？上图后和成交后的政策谈清楚。平时可以送小礼物或以吃饭的形式拉近关系，达到上图或获取信息的目的，不提倡直接进行金钱交易，不要违反法律。

选择什么样的设计院（设计师）合作

设计师愿意合作还不够，指定（上图）后不会被变更是关键，要选择对采购有影响力的设计院和设计师合作。不可否认，项目中设计师的整体影响力在降低，尤其是品牌指定很难操作，但有影响力的设计师仍然可以对规格、型号、性能等技术指标进行指定。设计师的影响力取决于以下几点：

第一看项目性质。政府项目、财政投资的项目；国企投资的项目；特种行业的项目。这些项目程序复杂，涉及变更的可能性小，设计师的影响力较大，指定被更改的可能性较小；而商业地产项目、民企投资的项目甲方随意性强，对成本要求高，设计变更的可能性更大。大开发商、大民企稍微好一些。

第二看设计院类型。国家大型设计院指定和上图的价值较高，地方小型设计院指定和上图的价值不高；行业设计院（铁路、电力、钢铁等）专业性强，设计师有一定的话语权，建筑、机电设计院的话语权相对较小；不发达地区设计院话语权大于发达地区设计院。

第三看设计师影响力。室内设计师大于建筑设计师；资深（有名气或有职位）的设计师对项目的操控能力强，普通设计师在甲方层面影响力小；而国外建筑师可以指定材料和产品。

初步设计是一个关键节点，设计或业主的技术部门定设备清单、定材料清单、定技术说明，招标文件也是以初步设计文件为依据。设计贯穿工程项目建设的全过程，设计师的影响力不可小觑。设计师影响力大小的表现依次为：品牌唯一指定、参数型号指定、多品牌推荐、提供信息。

让设计上图的注意事项

国家明文规定设计文件中选用的材料、构配件、设备，应当注明其规格、型号、性能等技术指标，除有特殊要求的建筑材料、专用设备等外，设计单位不得指定供应商，因此参数、型号、性能指定是可以的。比如电气设计指定低压开关选择 C65N 型低压断路器，大家都知道是某某的产品，但业主从谁家买设计管不着，只要满足招标文件的技术要求就行了。

需要注意的是，设计指定的有效性和排他性，独特的性能、功能、参数；特定的尺寸、独一无二的造型色彩。换句话说，就是被指定的产品越难被替代，你成功的希望就越大。不要把主要精力放在无任何技术含量、标准产品的指定上，即使你的产品品牌和参数被设计指定，也难保在施工和安装时不被换掉。

我以前曾在一家德国的建材公司工作过，我们也请设计师帮我们在项目中做过石膏板品牌的上图，但是到了施工的分包和装饰公司那里就被换掉了。因此，后来要求设计师上图的项目，一定要石膏板全系统、高防火和高隔音特殊板，这样就可以屏蔽掉没有完整产品线的企业，被换掉的概率就大大降低了。

总结：

让业主和设计指定上图，与业主签订战略合作协议或进入其供应商名录效果最好，或者说服甲方关注你的产品，影响业主尽可能甲购或者指定采购，选择有影响力的设计院（设计师）合作，还要注意设计指定的有效性和排他性。

第三十一讲　如何获得公司内部资源支持

有一个销售人员曾向我抱怨："我们在外面辛苦出差，还受客户的气，可回到公司报销费用，财务部也不配合，一会儿说这个费用超标了不能报销，一会儿又说发票不合规定或发票贴得不对要重新贴。"我就对他说："一个销售人员如果连自己公司的财务都没法搞定，你还是个好销售人员吗？"

我也给他讲了自己刚刚做销售时候的一个故事。当时团队里有个销售人员，跑客户不太勤快，因为我每次拜访客户回公司，总是能看到他在与人聊天，但他手中单子不少。后来我发现他还时不时买点小礼物给女孩，一开始我以为他们是谈恋爱，后来发现不是，因为我们的产品是大品牌，总有客户主动打电话购买，而这些单子最后都到了那个同事的手中。一开始我也气不过，不过后来发现，凡是内部搞得定的销售业绩都不差，后来也想明白了，这难道不是我应该学习的一种能力吗？

大项目销售不是一个人在战斗，而是团队合作，团队中的成员扮演着不同的角色，在不同的阶段承担不同的工作，前期经销商起着商务公关的作用；公司的技术部门要设计解决方案；后期高层领导出面给政策，在更高层面上容易解决低层面的问题；最后售后服务部门送货、安装。任何时候，销售人员都是整个销售团队的核心和导演，对外要搞定客户，对内要调度和整合公司内部资源，最终为拿下订单负全部责任。

跨部门的沟通能力是个挑战，一个好的销售人员不但要有搞定外部客户的能力，还要有搞定公司内部其他成员的能力。销售人员的上司有丰富的经验，能够在关键时刻给予指点，其手中握有特价审批权，也能出面代表公司给予承诺；技术支持人员具备专业知识和专业形象，更容易赢得客户的信任，只要方案讲得好，就能打动客户；一个大项目免不了要公司给予信用支持，好的付款方式在同质化的产品竞争中是成功的关键因素，因此财务部门的支持也必不可少。

设想一下，公司内部的其他部门，例如帮助做方案的部门，订单是否成功与其切身利益并没有直接关系，甚至还带来一大堆麻烦，要为项目申请信用支持等，就会增加财务部门的工作量，他们为什么还要帮助你呢？有时候销售人员好不容易签下订单，生产部门或售后服务部门却在抱怨销售人员对客户的承诺过高，把压力甩给了其他部门。这样的状态下，项目还能顺利实施吗？最终导致客户不满而投诉，尾款拿不回来，或者客户跟你再无往来。

为什么有的销售人员善于调动公司内部的相关资源，实现跨部门、跨业务的团队协作，与内部同事建立良好的互动关系，在需要的时候能得到上司和公司其他部门人员的大力支持？这些人搞定订单有一套，同时在公司内部也是左右逢源，订单的成功率往往也是很高的；而有的销售人员却在公司内部举步维艰，处处碰壁，其业绩受到很大影响。其中的原因是什么呢？有三方面的原因：一是你花了多少时间在内部沟通上；二是你是以什么样的心态与内部同事沟通；三是你是如何进行跨部门沟通并让同事支持你的项目的。

我以前的老板告诉我：“在大公司至少要花 50% 的时间进行内部沟通，才能有效地调度和整合公司内部资源，最终才可能顺利拿下订单。”我听完大吃一惊，问：“那我还有多少时间去跑客户啊？”老板说：“内部和外部都是客户，如果你把公司各部门的同事当成客户，花多少时间和想多少办法去搞定他们都不算奢侈。你难道不觉得我也是你的客户吗？”后来仔细想想也是，当我有能力整合、协调公司资源的时候，外部客户也就对我产生信任感，觉得我能兑现承诺，订单也更容易成交。

有些销售人员相信或者假装相信价格是获得订单的唯一因素，其销售工作的重点就是向老板申请特价，但对客户和友商的情况一问三不知，或者是道听途说得来的消息。更有甚者，拿了最低价，结果订单还是丢了。长此以往，在领导面前也失去了信任，再要获得领导的支持难上加难，资源往往优先分配给有信用的人。有的销售人员搞不定客户，无计可施后让老板或高层出面，指望他的上司在短短的见面时间内摆平客户，难度系数有多大是不言而喻的。如果不成功，他也有借口，这个客户确实难搞定。我也知道有些机灵的销售人员让上司出面只是走过场，其实他把事情都搞定了，回头把功劳算在上司头上，说上司厉害，马到成功。上司不给这个下属好的政策才怪呢！

还有些销售人员在要求其他部门配合的时候，把公司内部其他部门的支持与配合视为理所当然，认为销售人员有要求，技术支持人员就应该来，来了就应该做好，这是他们的职责。有一个技术支持人员这样评价他们公司的销售人员：“如果支持的项目丢了，说是我的方案做得不好，技术交流没有打动客户；如果项目成功了，那就没我什么事了，都是销售人员厉害，把客户搞定了。还有一次，在客户那里做完技术交流，快到中午了，这个销售人员竟然扬长而去，连声谢谢都没有。”长此以往，哪个部门的人愿意帮你的忙，不使绊儿就算不错了。

除了花更多的时间在内部沟通上，并以对待客户的态度对待内部同事，如何进行跨部门沟通，让同事支持你的项目，也需要一定的方法和技巧。

技术支持人员无论支持谁都是公司的工作，当然支持与他关系好的。一个销售人员想要获得内部支持，平时就应该注意和公司各部门的相关人员保持良好的关系，当要求公司人员进行现场技术支持的时候，要关心现场人员的生活，从住宿到吃饭，甚至临行前销售人员自己掏钱送点土特产，虽然钱不多，也是一份心意。无论项目是否成功都要表示感谢，有机会还要在技术支持人员的上司面前称赞其专业、敬业。万一不成功，销售人员也要主动承担责任。试想一下，当你这么做的时候，下次你要求帮助的时候，技术支持人员不但能推掉其他项目赶来支持你，而且会保质保量地完成任务。

除了支持关系好的，技术支持人员还会支持项目成功率高的。打铁还需自身硬。我以前有个项目是国外设计师设计的，门窗采用绿色钢化镀膜玻璃，并提供了样板颜色，要仿出样片一模一样的颜色。我请工厂的高级工艺师帮忙，终于把产品做出来了，项目大获成功，我和工艺师都得到领导的表扬。以后我的客户有特殊要求，工厂都是能帮忙就帮忙，一路开绿灯。

销售人员要求生产或者售后服务部门支持的时候，提出要求要有礼貌，不要每次都称自己的任务是最紧急的。长此以往，其他部门会觉得小题大做。特别要求务必标注明确，写备忘录。当其他部门的工作人员为你解决问题后，一定要打电话感谢他和他的上司。如果对方不合作或者他的做法让你很气愤，最好等自己冷静下来再做决定是否投诉，尽量与当事人沟通解决，也可以寻求你的上司协调，最好不要上升到由他的上司或高层来解决。

三个坛子两个盖，资源是永远不够的。公司的资源也是有限的，给了你就无法给其他人。资源不是公司分配，而是销售人员自己经营出来的。除了以上注意事项和方法，销售人员还要主动去要、去争甚至去抢，适当夸大项目的重要性和规模，基本上公司 80% 的资源是被那些会争抢的销售人员要走了，剩下 20% 的资源分配给不善于争抢的老实人。

总结：

要获得公司内部资源的支持：一是花更多的时间在内部沟通上；二是以客户的心态与内部同事沟通；三是平时注意与同事保持良好的关系。

第八章
在项目中建立客户关系

第三十二讲　你和客户关系真的好吗

经常听销售人员说：“我和某某关系很好，我和某某关系不怎么好。”你问他是怎么知道的，销售人员说：“他对我很友善很客气，所以觉得关系好。”他觉得关系不好的，是客户说话比较生硬且面无表情。这样评判与客户关系的好坏，不能说没有一点道理。不过，态度温和还是严厉跟个性有关，跟当时的心情有关。如果那天客户正好被老板骂，当然也不会给你好脸色看；或者他的儿子被重点中学录取，他看整个世界都是阳光灿烂的。因此，与客户关系好不好，不能仅凭感觉。我们以前接待过一个客户来工厂参观，带队的是客户的总经理，是一位女强人，她说话很强势，不留情面，临到中午吃饭的时候居然拒绝在我们安排的饭店就餐，自己带了一帮娘子军出去找地方吃饭，把我们负责接待的人员搞得很尴尬，但最后我们还是成功合作了。

什么是客户关系？有两个很关键的因素：一是对客户有利，客户向你购买是有理由的，一定是你有某种客户认可的价值，或者你有比别人更加独特的价值和差异化的优势。如果客户从我们的公司或销售人员身上看不到任何价值，他只能从低价格上获得利益，因为这是最明显的价值。二是客户认可你、信任你、依赖你。利益是纽带，信任提供了利益得以实现的保证。采购者希望保护自身的职位安全，采购大品牌产品可以避免不必要的嫌疑；采购者愿意和个人关系好的客户合作，觉得不会出卖他。客户关系等于客户利益与客户信任之和，因此，要提升与客户的关系，要么让客户信任你；要么为客户带来利益，个人利益和组织利益可以同时满足而不冲突。例如采购人员采购到价廉物美的产品，项目顺利实施并投入使用，领导很满意，采购人员得到表扬和提拔。这种利益同时满足是最理想的。从某种意义上来说，关系就是满足客户深层次需求的能力。

当你的产品价格明显低于友商，也许客户对你和你的公司不太熟悉，但价格足以打动客户放弃原有供应商而冒险选择你，这种情况属于客户关系中给客户利益足够大但客户信任度不够，仍可能成交。例如项目的最后关键时刻，处于被动地位的你突然大幅度降价，有可能让友商前面辛辛苦苦做的所谓关系都前功尽弃，项目被你横刀夺爱或者使得友商的项目无利可图。同样，有的时候客户拿你的方案去找他熟悉的供应商，问这个方案、这个价格能不能做，这种情况属于你提供了价值但客户对你的信任度不够。最理想的情况是有信任也有利益，两者之和达到客户关系中最大值。客户要选择性价比最优的供应商，也想与他喜欢的销售人员打交道。关于客户信任和客户价值，我们在下几讲里再做进一步阐述。

客户关系究竟好不好，不能凭感觉。接下来我们谈谈如何定量地衡量客户关系。主要从以下五个方面来判断打分，分析你与客户的关系究竟到了什么程度：

第一，看你与客户互动的活动空间，是在工作空间、社交空间还是私人空间。

工作空间（0 分）。客户只说官话场面话，与客户只在工作时间和工作场所沟通，工作时间以外客户不接电话、不回信息，客户关系只能给 0 分。

社交空间（1 分）。客户愿意给你私人联系方式或互加微信；与客户在非工作时间和非工作场所互动，愿意接受礼品，客户关系给 1 分。

私人空间（2 分）。进入客户的朋友圈和家人圈，双方无话不说，坦诚表达深层次个人需求，客户关系最好，给 2 分。

第二，取决于客户提供信息的质量，是公开信息、有效信息还是私密信息。

提供公开信息（0 分）。包括项目情况介绍、招标文件和客户愿意公开的信息，至少没有提供虚假的信息，客户关系只能给 0 分。

提供有效信息（1 分）。包括立项背景、设计方案、设备与材料清单、技术说明，等等。信息质量和获取难度都有所增加，客户关系给 1 分。

被动提供私密信息（2 分）。包括决策流程和规则、决策人、预算、友商报价、采购成员个人信息。请注意，被动提供说明客户还有顾虑和想法，客户关系给 2 分。

主动提供私密信息（3 分）。包括决策流程和规则、决策人、预算、友商报价、采购成员个人信息。客户与你无话不说、主动提供私密信息，客户关系最好，给 3 分。

第三，教练作用层次是提供信息、指导行动、行动承诺还是强力推荐。

提供信息（1 分）。愿意主动提供项目关键信息；当情况异常时，能第一时间通知我们，客户关系给 1 分。

指导行动（2 分）。不但提供私密信息，还经常与我们讨论项目运作的对策，指导我们下一步的行动，客户关系给 2 分。

行动承诺（3 分）。愿意给承诺并有帮助我们的具体行动，客户关系给 3 分。

强力推荐（4 分）。愿意引荐客户中的关键人物，并旗帜鲜明地支持我方，影响决策者做出有利于我方的决策。一般敢于抛头露面强势支持的教练或者支持者很少，除了性格原因，还可能是在其公司内部有一定的话语权和威望，客户关系最好，给4分。

第四，价格是否是客户选择你的主要因素。一个天天和你谈价格，拿着友商的报价给你压力的客户，客户关系也好不到哪里，得0分，否则给1分。

第五，判断与设计师的关系。品牌唯一指定给3分，参数、型号指定给2分，多品牌推荐给1分。

建立客户关系，首先要从个人对个人开始，然后不断迭代、不断扩大，从一对一发展到一对多，与客户更多人、更多部门建立关系，最后再到多对多，企业与企业建立战略联盟关系。与客户建立关系既要避免没有重点地天女散花，也要避免攻其一点，忽略其他人的感受，导致将其推向友商的局面。

总结：

客户关系等于客户利益与客户信任之和，如图8－1所示。因此，要提升与客户的关系，一是让客户信任，二是为客户带来利益。但这两者的权重不同，客户为价值买单的可能性大于为信任买单的可能性。客户关系也不能凭感觉，要定量地衡量。

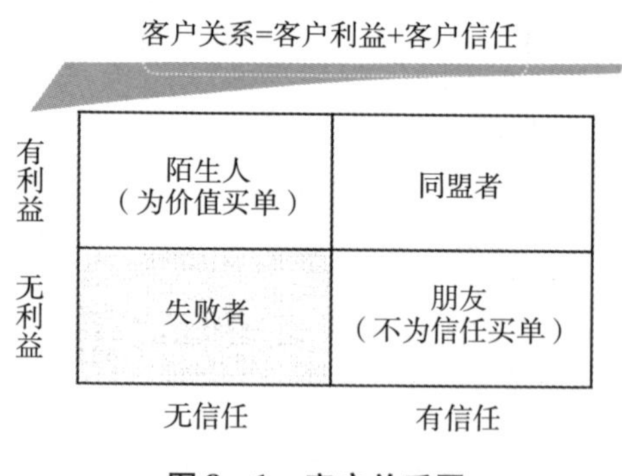

图8－1　客户关系图

第三十三讲　为客户创造价值的三个途径

有些销售人员把自己放在弱者的地位，乞求客户采购。这就是为什么很多人认为销售就是求人的工作，也是有人鄙视销售这个职业的原因。我最听不得销售人员说："请您照顾一下生意。"销售不应该是这样的，我们做销售不是求人办事，而是帮助客户解决问题，没有必要低三下四。当我们把行业内最好的品牌和产品推荐给客户的时候，就是为客户创造了最大的价值，是值得对方尊重的事情!

为客户创造价值的同时，项目的采购又是通过个人来实现的，A、B、C 公司没有购买我们的产品，李总、张总、李经理、张经理买了。由于项目顺利实施，你帮助李总、张总巩固了在公司的地位，你帮助李经理、张经理提高了效率，减少了麻烦，提高了部门的绩效，得到公司的嘉奖，你也为其个人创造了价值。价值是什么？说到底就是给客户带来多少利益。所谓的价值，其实是从三个层面来讲的，一是公司价值，二是产品价值，三是销售人员价值，如图 8 – 2 所示。

第一，公司价值。从公司来说，企业的规模、先进的生产线、企业的历史给客户带来了价值。因此，当客户说你的产品价格贵的时候，你可以这么说："比起小厂，我们的产品价格确实不便宜，不过考虑到项目要抢工期，短时间内集中供货，也只有我们这样的企业能保证有充足的货源，保证项目能按期完工，您说是吧?"以前遇到一个国内电梯品牌，他们的销售人员声称其正常使用可达到 25 年，甚至条款可以写进合同里，这明显有误导

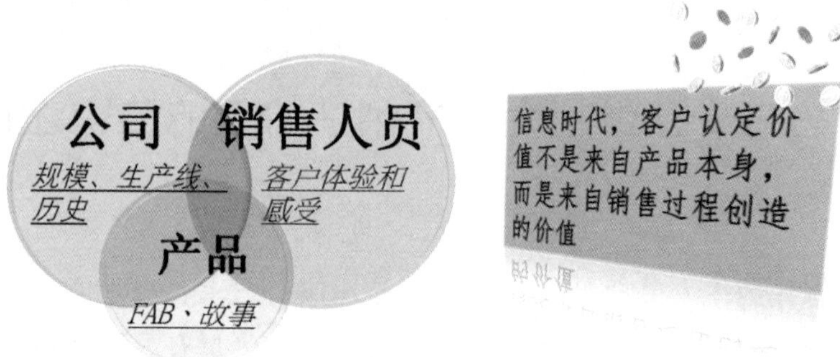

图 8－2　价值的三个层面

业主的嫌疑。我对业主说："他们企业成立也不到10年，怎么能判断25年的使用寿命。企业都超过百年了，我们才是最有资格说这句话的供应商。"有读者说："你说的都是大企业、大品牌，我们小企业、小品牌怎么办?"这个世界不缺少美而是缺少发现美的眼睛，你可以这么说："水泵阀门都属于通用产品，进口品牌的技术要求国产品牌都能达到，价格才是硬道理，您说是吧?""产品都能符合项目要求，但供应商里我们是离你们最近的，所以服务速度也是最快的。""一样买进口品牌，为什么不买价格最低的呢?"

第二，产品价值。虽然说我们需要一双发现美的眼睛，但产品的同质化确实很严重，导致产品本身的价值已经相当少。如果还是停留在产品的特征、优势和利益的层面，你能讲，别人也能讲。我经常跟我的学员开玩笑，你这套产品的质量、参数、功能换到友商那里同样也是成立的。怎么办呢？以故事来呈现你的价值不但生动有说服力，而且故事很难被模仿。如果你卖的只是一个冷冰冰的产品，那你只能得到产品本身的价值；如果你卖的是故事和情感，你将得到远远超出产品本身的价值。

在实际销售沟通中，销售人员要善于讲成功的案例，你的产品是如何帮助客户提高效率、降低成本、减少麻烦的，不过最好是同类型或同行业的项目、行业内知名度高的明星企业或者客户比较熟悉的大项目。人都是趋利避害的，除了喜感的故事外，有时候也要对客户讲点恐怖的故事，讲使用不好的产品带来的麻烦和痛苦。比如说："某企业你是知道的，因为只看最低价，结果两年内购买的设备大修了三次，到第三年只能把设备报废重新购买，导致企业直接经济损失一千多万元，采购经理也被公司炒了鱿鱼，其实他也很冤枉，出发点是为公司省钱。"

我在与培训客户沟通的时候，为了说明培训内容——提供销售工具的重要性，给客户讲了这样一个故事：第一次世界大战期间，英国的装备很一般。每一次战斗基本上都是和敌人在拼刺刀，伤亡很大，即便是赢了，也是杀敌一知自损八百的惨胜。直到英国装备了加特林机枪，这种自动机枪 1 分钟可以打出 500 发子弹。有了加特林机枪之后，英国在思图曼战役中以牺牲 48 人的代价，杀掉了对方 1 万多人。最后我对培训总监和企业老板说："你是希望销售人员拿着大刀、长矛上商场还是拿着机枪、火箭筒上商场呢？"最终客户大都认同我的观点，也就选择了我们能提供销售工具的培训课程。

第三，销售人员价值。就是销售人员给客户什么样的体验。我遇到一个刚入行还比较年轻的销售人员，有一次他问我："客户要让我做一件跟销售无关的事情，我要不要替客户去做？"信息时代，客户认定价值更多的不是来自产品本身，而是来自销售过程中创造的价值，因为产品已不需要通过销售人员去告知，客户在网络上一查什么都有，包括对产品的负面评价，更何况产品本身已经标准化、同质化，讲了也不会有多少价值。如何销售比销售什么更重要，你给客户什么样的体验比你销售的产品本身更重要。销售人员帮助客户做一些事情，比如跟他分享一些想法，送一些他需要的资料并能主动帮助客户解决某个问题，甚至帮其解决一些私人困难。我以前手下有个销售人员，知道客户喜欢打羽毛球，硬是租了场地陪客户打了十场球，才把单子签下来。当你为客户做这些看似与销售无关的事情时，客户自然想着回报你，告诉你一些消息或者在决策时偏向你。一个销售人员说："我从来没有关过手机，不管是睡觉的时候还是休息日，留给客户号码的手机一直处于待机状态，我一直充满自信地对客户说，我手机 24 小时开机，有什么事情随时来电话。只要接到电话，无论什么时候，我都会全力以赴……"这句话就能给客户带来很大的安心感，这难道不是对客户的价值吗？

美国销售执行委员会有个调查的统计，对客户忠诚度的贡献率：公司的地位及品牌形象占 19%；产品的服务和质量占 19%；性价比占 9%；与销售接触的体验和感受占到了 53%。

其中最重要的 7 项销售体验如下：

（1）销售人员对市场具有独特、有价值的观点。

（2）销售人员能帮助分析不同选择的利弊。

（3）销售人员能提供及时的建议和指导。

（4）销售人员能帮助预防潜在的风险。

（5）销售人员能告知新的趋势变化及未来可能发展的结果。

（6）销售人员能向客户介绍简便易行的购买程序。

（7）销售人员在客户公司内有广泛的支持度。

工程项目销售中，销售人员创造的价值也来自销售过程。方案阶段，通过帮助客户解决业务问题，如墙体开裂、隔声无法满足要求、防火要求不达标等，为客户提供一揽子解决方案；初步设计阶段，为客户制定满足国家规范要求的采购标准，如产品规格、隔声、防火、保温隔热性能，为客户进行产品选型与系统集成，减少客户麻烦和工作量，缓解设计师出图负担和设计压力。

相应的，客户也会根据供应商能够提供给他们的价值而区别对待供应商，把订单交给能额外创造价值的供应商。

我以前服务过的一家石膏板吊顶和隔墙系统公司，将项目以建筑类型进行划分：五星级酒店，政府机关楼堂馆所，医疗机构，工业厂房，全精装修住宅，钢结构高层建筑，高档城市综合体，高档商用写字楼，影院剧场，博物馆、规划馆、档案馆、图书馆共十大类。同时，针对每种类型建筑业主遇到的问题进行分析，列出三五个客户的痛点，例如五星级酒店分户墙隔声量不达标，影响客房率及酒店评价得分；影院、剧场高分贝隔声、声学品质、吸声处理问题，然后设计出有针对性的解决方案，以及配置的产品。当受过专业培训的销售人员与设计师或业主的技术人员沟通的时候，让对方感觉遇到了知音，对你相见恨晚，真正体会到专业可以带来的价值，也给客户更好的体验和感受。我做销售培训很多年，也对企业面临的常见销售难题比较了解，当我在与客户沟通中直接摆出这些常见问题时，客户感觉非常惊奇：你怎么这么了解我们企业？客户产生了共鸣，同时也迅速对我增加了专业的信任感，因为客户认为你了解我的问题，我才能相信你可以解决我的问题。

销售人员除了为客户创造价值，形象和工作细节也一定要体现专业性。从预约客户、着装打扮、待人接物到结束拜访前对会谈内容确认、结束以后给客户发一个感谢短信等，都给客户良好的体验。我以前工作的公司有个要求：销售人员每次拜访客户后，都需要在传真机上发一个备忘录给客户，除了对会谈内容的总结，还有对客户接待的感谢。不过现在我很少看到有销售人员这么做了，哪怕是发微信、短信，也要比我们那个时代的传真机方便很多。

良好的客户体验不代表花更多的钱，相反，边际成本很低，比很多销售人员擅长的关系营销三板斧的费用要少多了。行内有句俗话："一般销售请吃请喝，好销售骗吃骗喝。"但后者对销售人员要求更高。一个优秀的销售人员和一个一般的销售人员给企业的贡献、给客户带来的价值差别是巨大的，同样的市场、同样的客户，甚至在同样的企业里，销售人员的业绩也有巨大的差别。销售冠军能高概率地成交、大订单成交、高价成交、持续成交；而一般销售人员只能偶尔成交、小订单成交、成本价成交。因此，我们企业80%的业绩是由20%的销售人员完成的。

总结：

价值从三个层面呈现：公司价值、产品价值、销售人员价值。信息时代，客户认定价值不是来自产品本身，而是来自销售过程创造的价值，你给客户什么样的体验比你销售的产品本身更重要。

第三十四讲　建立信任的四个维度

关系可以用10个字来概括：利益是纽带，信任是保证。对客户来说，项目采购其实是一次冒险，采购的金额越大，客户的风险就越大。项目中产品的质量问题不会马上呈现，一旦出现质量问题，就有可能产生严重的连锁反应。因此，你得让客户相信，你的产品未来不会有任何隐患和后遗症，而他的个人诉求也得到了保证。

建立信任是一个循序渐进的过程，客户从认识你、喜欢你、认可你、信任你到最后依赖你。用销售行业的行话来说，就是敲开门、站住脚、留住心。很多销售人员说："我认识某某公司老总、某某公司采购……"然后就觉得生意一定会成。认识当然不够，最多是点头之交。喜欢你够不够呢？也不够。客户喜欢你，可能只是因为你说话幽默、为人和善，但还没让他感受到你的专业；"认可你"是分水岭，你了解客户的问题痛点和要实现的目标，并提出有针对性的解决方案；而信任是我们拿到订单的关键，意味着你能为客户提供某种利益的保障；依赖能保证客户下次订单还要继续和你合作。

如何让客户从认识你、喜欢你、认可你、信任你到最后依赖你呢？与客户建立初步互动，赢得客户的好感和喜欢只是第一步，还必须与客户持续沟通接触，逐步增强客户对你的信任。可以打一个比方：客户与你打交道，他手中始终攥着一张存折，你是准备往里面存款还是时刻准备取款？存款能加强客户关系中的信任程度，取款则是减少客户关系中的信任程度。而存款和取款的行为与以下四个维度有关：

第一，专业度。简单来说，就是满足客户需求，解决客户问题的能力。世界上有一个机构，他服务的客户从来没有对其有任何的怀疑，让你坐下你就坐下，让你躺下你也乖乖躺下，让你把衣服脱了你也只能照办，不错，这就是医院。很少有人怀疑三甲医院医生的诊断和开出的药方，或者说我回去考虑考虑。如果我们的企业就是医院，而业务人员是医生，那销售工作该有多么容易！这就是专业的力量。销售人员获得客户尊重的唯一方法就是专业和价值。

销售人员的专业素质、行业经验，以及深刻理解客户面临的问题，可以提交高质量的解决方案，专业度高就是给客户信任账户中存钱。与客户初次见面自我介绍时，可以着重介绍自己的工作经历和以前做过类似的成功案例来体现你的专业度，例如"薛总您好，我是板材公司的刘某某，我们公司是专业做洁净厂房屋面、墙面围护系统的，行业中有很多成功的案例，我从事围护系统销售也有 20 年了。最近我们正在实施安装的一个洁净厂房项目，他们的条件和要求与你们很相似，当时的情况……我提出的解决方案是……”

我有一个朋友，是某德国品牌计量仪表设备在中国的总代理，个人每年要做几亿元的生意。他是技术出身，因为在这个行业里摸爬滚打了几十年，对企业生产线上经常发生的问题了如指掌。他不是一个沟通能力很强的人，但他往往能在最短的时间内获得客户信任，最后成交的概率也非常高。有一次，我跟他一起去跑客户，事先跟客户设备科长约好，见面以后也没有聊什么产品，只是跟对方说：“能不能到生产线上去看一下?”回来以后，他很准确地对客户说，生产线哪个地方计量准确度可能有问题，在什么方面要注意哪些问题。客户惊讶的表情告诉我们，他说的都在点子上，我的朋友短时间内就获得了客户的信任，而接下来的谈话就顺畅得多。

除了内在专业，还要塑造外表专业的形象。销售人员西装革履，提着公文包，在任何时候都是不错的选择，但有时候还要看拜访的对象，双方着装反差太大反而会使对方不自在，无形中拉开了双方的距离。例如要拜访设计师和总包施工管理人员，前者当然要穿衬衫打领带，以体现你专业的形象；后者若同样着装则有些不妥，因为施工工地环境所限，工作人员不可能讲究着装，如果穿太好的衣服跑工地，不要说与客户交谈，可能连办公室坐的地方都难找。最好的着装方案是“客户 +1”，只比客户穿得“好一点”，既能体现对客户的尊重，又不会拉开双方的距离。但不要穿毛衣或皮带上挂着一大串钥匙去拜访客户。

第二，可靠度。一个有品牌、有价值观、成功案例多的公司，会让客户觉得跟你做生意比较放心。马云说，阿里巴巴的企业价值观是客户第一、员工第二、股东第三。因为信任所以简单，在盒马生鲜上采购，商品是真的打折，不会担心它先涨价再打折。我也喜欢在盒马生鲜买些洋酒，因为不用担心买到假货。项目中邀请客户参观样板工程，让其亲身体验产品的实际使用情况，对产品价值形成全面感知和体验；邀请客户考察产品生产的工艺流程，展示企业实力，使其增强对产品品质、供货能力、厂家信誉度等方面的信心，让客户眼见为实，都是给客户信任账户中存钱的过程。某公司在上海设立产品体验中心，由于友商并未设立类似的体验环境，他们发现凡参观过的客户，大多对公司的能力有了直观的认识，并表达了希望尽快合作的想法。于是，邀请客户参观该中心成为项目成功的关键一环。

有读者说了，你说的是大品牌、大公司，小品牌怎么让客户觉得可靠呢？任正非说："小公司只有一条，就是诚信，没有其他。就是你对待客户要有宗教般的虔诚，就是豆腐要好好磨，终有一天你会得到大家的认同的。"我以前认识一个在深圳做安防智能化的企业家朋友，他同时代理了国外很多的小众品牌，销售模式是纯粹渠道代理不直销，而大部分同行往往是直销和渠道代理并重，遇到一些大项目或者付款价格好的项目厂家就自己做了。反过来，经销商对厂家也没有忠诚度，也是看哪个品牌利润高就选哪个品牌，有时候还把指定的品牌换了。而我那个朋友的企业的渠道非常稳定，代理商的忠诚度非常高。为什么呢？他每次与客户见面都是强调绝不做直销，主动找上门的项目也分配给代理商去做，还每年组织代理商到国外考察。他不像有些厂家只是把厂商共同成长、共同发展挂在嘴上，他是真的相信这个理念而且也是这么做的。最终他的企业发展得很好，在深交所成功上市了。因此，小品牌要获得客户的信任，取决于企业价值观和老板的为人，而销售代表是厂家的代表，要让客户觉得你处事稳重、有安全感、能兑现承诺，是个靠谱的人。销售人员需做到以下五点：

一是销售人员在客户工作场所说话要谨慎，口风要紧。客户内部关系复杂，人多眼杂，销售人员不要乱说话，就是说也都是套话、场面话，公开场合要避免与客户亲密接触。公开场合也不要说对手的坏话，因为你不知道在场的人是什么立场，如果恰好客户是友商的粉丝，就会引起不必要的争论。我以前有个手下去跑工地，当他口若悬河地说友商种种缺点的时候，不料进来一个部门领导，站在他后面听了半天，实在听不下去了，大吼一声让他滚出去，搞得他狼狈不堪。

二是不要显得太精明，销售人员最大的问题是看上去太精明，这容易让客户对其产生不信任感。你所说的任何话，做的任何事情，都可能是一种算计，客户会对你产生怀疑，如果得不到客户的信任，那你做业务就比较难。对销售人员来说，“傻”一点反而更有利。当客户说我们已经有供应商了，傻傻的回答机会更大。

客户：我们已经有供应商了，合作了很多年。

销售人员：您的意思是?

客户：我们对他们的服务很满意!

销售人员：还有呢?

客户：如果要换，一定要有一个强有力的理由。

销售人员：那是什么呢?

客户：我也不太确定，也许是服务响应速度太慢。我们上一个项目用了他们的产品，结果……

我以前认识一个东北的销售人员，外号“小沈阳”，外表看起来很机灵、反应快、很幽默，只要有他在场，气氛一定很活跃，在客户那里也很受欢迎，但奇怪的是，他的业绩却一直平平，小单是不少，但大单不多。据他跟我说，客户跟他大都自来熟，但真正交心的少，他自己也很苦恼。而我遇到另一个甘肃的销售人员，憨厚老实，话不多但做事很踏实，见到客户高层他有个口头禅："见到大领导，我真的有点紧张。"客户反而对他更加宽容，安慰他不要紧张，结果他业务做得很好。有一次我问他："你真的紧张吗?"他还对我憨憨一笑，没有回答。

三是承认无知要比试图忽悠客户好。波士顿大学管理学院有个研究和调查：当客户提出专业的问题而销售人员无法解答时，与其避重就轻地绕圈子，不如坦率地说"我不知道"，后者更可能完成交易。换句话说，"哑巴，但诚实"好过"聪明，但狡猾"。因此，销售人员如果真不懂，最好不要装懂，可以老老实实地说自己在这方面不是很了解，但可以回去问公司里技术部门的同事后再给他答复。如果胡乱回答，客户大都能感觉到销售人员对其问题的敷衍，从而产生不信任感。在多数情况下，承认不懂比不懂装懂稳妥得多。但前提是你真的去问了公司的技术同事，下次来也没忘记给客户回答。

四是掌握说话的分寸，话说八分满可以让你显得更有可信度。例如当客户问："你们的品牌和某某品牌相比有什么不同啊?"你这样说："坦率地说，产品的功能大家都差不多，如果说真的有什么不同之处，也就是在品牌和产品的稳定性方面可能有所不同……"你把自己的产品夸得天花乱坠，客户不一定会相信，说话留有余地可以让人觉得你还比较靠谱。

五是不要轻易承诺，承诺了就一定要做到。向客户承诺 80 分，最后做到 100 分。客户可能用一件小事来测试你是否言而有信。客户有什么要求和提议，马上就去落实，不要迟疑，在最短的时间内给予答复和解决。在一次培训会议上，当我讲到兑现承诺的重要性的时候，一直在后面听课的总经理站起来发言说："你说得对。"他谈到为什么选择我们培训公司的一个原因是：你们是唯一一个说好 3 点到就 3 点到的培训机构，而其他培训机构要么早到要么晚到几分钟。

第三，亲密度。日常情感联络、有共同爱好、共同价值观。例如你说："张总，我每次来拜访你，虽然没有成交，但和你聊天让我受益匪浅！"而当你与客户保持三大一致（爱好一致、经历一致、观点一致）、四大同步（语气语调同步、情绪同步、表情同步、肢体动作同步）时，无疑是在信任账户上存款。找到共同点、爱好一致相对容易，观点、价值观一致就更好了。我有一个客户，在闲聊中知道他的孩子在念重点高中，而高中阶段不但孩子辛苦，大人也很紧张，因为我也是这么过来的，所以有很多共同语言。因为父母年纪大了，客户想把父母从东北接到上海，但来了后父母不习惯又回去了，客户是个大孝子，总感觉很愧疚。我们在观念上有很多的共同点，双方的关系又密切了很多。当然，观点认同是最理想的，但你不能与所有的人都观念认同，只要不是触碰底线的核心价值观，换位思考一下，给予对方尊重和理解就可以了。销售人员看待问题不应非黑即白，如果你是一个疾恶如仇、爱憎分明的人，我只能说也许你不适合这个职业。

做项目有朋友引荐最好，虽然它对销售的成功不一定起决定性的作用，但确实缩短了双方从陌生到熟悉再到最后信任的时间。如果实在没招，反复拜访、拜访、再拜访，关系是跑出来的。从心理学角度讲，日久生情，长期接触会建立信任感，领导的秘书最后都成为领导也是这个道理。我有个客户在重庆，他们的客户去工厂参观考察，一般会安排客户到长江三峡游览，有一夜两天、两夜三天，还有直接到武汉玩的。如果客户允许，他们都尽量安排更长的时间，他们说："能这么长时间待在船上与客户亲密接触，客户关系不好也难啊！”

第四，自我倾向。不善于倾听、不关注客户问题、高压销售。

医生是先问诊：“哪里不舒服？持续多久了？具体有什么症状？”哪怕已经断定你得了什么病也要问一下，最后才开处方配药。人们对销售人员的印象基本上来自房产中介、保险顾问、保健品销售，以负面形象居多：纠缠、喋喋不休、不买产品不罢休。客户不会因为你的理由而购买，客户认为你只有了解我的问题，我才能相信你可以解决我的问题。当销售人员大谈产品十大好处、十大卖点的时候，客户心中对销售人员的负面情绪愈来愈强。事实上，你施加了多少推力，客户的阻力也就有多少，成交的可能性愈加渺茫，即使勉强成交，也是把你的价格砍到惨不忍睹。不善于倾听、不关注客户问题、高压销售，这样的行为就是从客户的信任钱包里往外掏钱。

总结：

客户的信任度与四个维度有关：可靠度、专业度、亲密度、自我倾向。前三项，即可靠度、专业度、亲密度是正相关，程度越高信任度越高，后一项自我倾向是负相关，自我倾向越强客户对你越不信任，如图 8－3 所示。

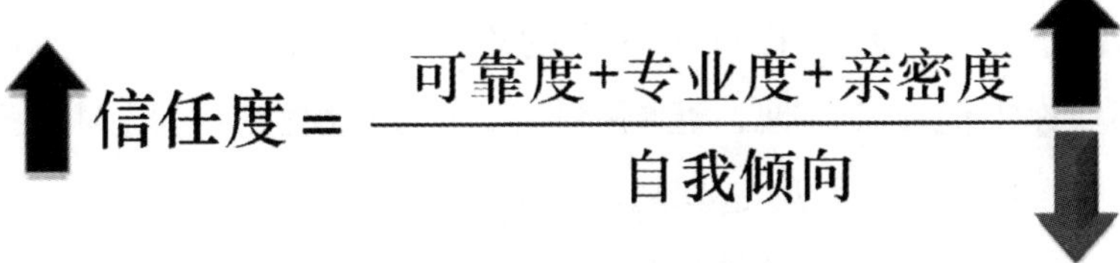

图 8－3　客户的信任度示意图

第三十五讲　拉近距离的沟通艺术

沟通可以拉近双方的距离，建立信任，这点我以前还印象不深。好几次，父亲跟我抱怨："每次到大医院看病，医生三言两语就打发了，倒不如社区中心医院的医生水平高，那里的医生会耐心地询问、回答与检查。"后来我想想也是，就是大医院的专家门诊的医生也只不过多花一点时间跟病人沟通，但可以多收诊疗费。

客户认为：你只有向我提问，我才能说问题；我说了问题，你才能了解我的问题；你了解我的问题，我才能相信你可以解决我的问题。因此，在与客户的沟通中，销售人员必须表现出对客户问题的关心，了解客户的需求或者假装了解客户的需求，让客户放心。如同医生其实知道你得了什么病，但还要仔细询问病情是一个道理。建立信任的沟通要注意以下几个方面：

第一，拉近距离的提问与倾听。

聚焦客户问题的提问方式容易获得客户的信任，表示你对客户真正关心而不是仅仅推销产品。例如你可以这样问："张工，能否问下在电子厂房设计中最大的难题是什么?"如果你想让对方感觉你不但在关心他，还要感觉到你的专业性，可以问一些问题："张工，电子厂房超高隔墙稳定性和防火是一个让人头痛的问题，您一般是怎么处理的呢?""不好意思张工，我确认一下，您说的隔墙耐火等级是指防火墙、承重墙还是非承重墙?"要问出让客户对你刮目相看的问题，可以这样问："一般装修后两年左右是否会出现墙面开裂和隔音效果下降的现象呢?"如果对方回答“是”，对方一定对你佩服得五体投地。医生准确地判断病人的病情也是基于同样的道理，如果你去看病，医生在听了你诉说浑身无力、睡眠质量差后，问：“近来是不是有经常口渴、突然消瘦、手脚麻木的现象?”当你回答“是”的时候，医生说你很有可能是糖尿病早期，做个血糖检查后果然是这样，幸亏发现得早，你对医生除了感激更多的是佩服。其实，客户有点像病人，也是基于同样的逻辑来看待销售人员的。当销售人员以聚焦开放式问题或封闭提问时，可以拉近双方的距离，建立信任，但这需要销售人员有丰富的行业经验和专业性，否则客户的回答都是否定的，反而会起到反作用。

体现医生专业性的有两件东西，一件是白大褂，还有一件是听诊器。医生用听诊器关注病人的病情，倾听病人诉说，当客户感觉你在认真地倾听，是赢得其好感乃至信任的关键。销售人员在倾听中以积极的肢体语言，点头、做记录；鼓励性的语言回应，“嗯，我理解”；重复客户的话，“对不起，张总刚才您说到……是这样吗?”，表示你真的关注他的问题和对客户感兴趣。同时，沟通中少说多听让他人掌握话语权，以倾听来表示尊重对方，这让客户的自尊心得到极大满足。

第二，有逻辑和数据支持的陈述。

“你提到的墙面开裂问题行业内确实比较普遍，除了石膏板和接缝材料质量，还与以下三个方面有关：一是安装人员的水平是否规范；二是配套龙骨的强度和配套接缝材料的质量；三是施工现场的气候条件。”利用连续并列的句子，逻辑非常清晰，容易建立专业的形象，类似于老师敲黑板做归纳总结，让学生有记笔记的冲动。另外，销售人员记一些专业数据，和客户沟通时信手拈来，引用数据越精确显得越专业，“我公司提供的轻钢龙骨采用优质连续热镀锌钢带，镀锌厚度达 130 克，超过 80 克国家标准，相比国标提升抗腐防锈能力达23.8%。”

第三，引用成功案例。

最好是同类型或同行业的项目、行业内知名度高的明星企业或者客户比较熟悉的大项目。我在首次拜访工地见到客户的时候都会说一句：“张总，你们隔壁的某某大楼就是用我们的幕墙。”有些年轻的销售人员因为专业经验不够，容易在客户面前露怯。这个时候，把公司的成功案例转换成自己的案例，对案例了解得越细越好。注意多用“我”少用“我们”，例如“您提到的吸声降噪问题，我在参与大剧院项目的时候也遇到过，他们的要求和你们的很相似，当时的情况是……我提出的解决方案是……”

第四，结束前确认交流内容。

“王经理，结束之前，我总结一下这次交流的内容：我们这次沟通，一共确定了三件事情，分别是……您看还有遗漏吗?”“您刚才的意思是不是说……”用确认型问题会让客户有一种被理解的感觉。实际上，不是你理解客户，而是你用客户的话确认，他认为你理解他，确认显示你的专业性，容易获得客户的信任。有一次，我跟一个国企客户交流，他接触到的民企销售人员和外企销售人员最大的区别是外企销售人员会确认，这让他感觉对方做事比较可靠。我有个项目做成，是因为每次与客户见面后，我都写个会议纪要发给对方。他们当时有两个品牌供选择，各有利弊，两种意见相持不下，最后总经理一锤定音。选择我们的理由很简单，就是我的会议纪要给老总留下了深刻的印象，因为从没有销售人员这么干。

前面讲了这么多的表现专业性与权威的沟通，但一定要注意，你可以在业务上权威，但不能在态度上也权威，甚至是盛气凌人，你的专业性和权威是为客户服务的，而不是让客户自惭形秽。当你向客户介绍产品的功能与优势的时候，不要说“你懂了吗”“明白了吗”，客户听完后会很不舒服。在介绍完产品后以问问题的形式结束谈话，这样让人容易接受。“不知道我解释得是否清楚？您还有什么问题吗?” “有没有需要我再详细说明的地方?”

总结：

建立信任的沟通方式是：拉近距离的提问与倾听、有逻辑和数据支持的陈述、引用成功案例、结束前确认交流内容。

第九章
项目的沟通技巧

第三十六讲　了解需求的四个黄金问题

客户是为了自己的需求购买产品，而不是为了你的理由购买产品。你若是想和客户合作，就要先考虑一下他的需求是什么。与客户沟通，通过提问和倾听才能了解到客户的需求，一旦你通过精心设计的问题搞清客户的需求，销售就变得非常简单，成交也变得轻而易举。

前面我们谈过，客户的需求可以用冰山理论来解释：冰山上部是显性需求，包括品牌、规格、数量、价格和付款方式，以及对性能、功能的要求；冰山中部是隐性需求，包括建筑类型、工作环境、技术规范，需要解决的是业务问题，要达到什么目标；冰山最底层的是深层需求，关系到采购当事人的个人利益。

冰山上部的显性需求比较容易被发现，而隐性需求尤其是客户个人的深层需求最不容易被发现，没有达到一定的信任度，客户很难坦诚相告。需求提问一般也是从冰山上部的显性需求开始，逐步向冰山的中下部深入，挖掘客户的隐性需求和深层需求。通过精心设计的四类黄金问题的提问，销售人员就可以达到探询、引导并最终锁定客户需求的目的。

第一个问题，我们称为“信息类”问题。品牌、规格、数量、价格、性能、功能，这类问题是询问客户的显性需求。销售人员在与客户沟通中，问得最多或者最擅长的是信息类问题。需要注意的是，如果不加修饰直白地询问，也许会引起客户的反感：凭什么告诉你，还不打算从你这里买呢？如果在询问前加点柔和的语言，对方的感受就会好很多，例如“我能不能问下，您需要什么型号？买几台？”或者“我很好奇，您介不介意告诉我……”显性需求中有些客户的采购标准明确，例如隔墙系统采用MW龙骨，隔声纸面石膏板系统隔声性>55dB，耐火极限2小时。还有一些客户的采购标准模糊，例如要求产品质量好、服务到位，或者说质量大家都差不多，关键看价格。问题是你的价格太高怎么办？

接下来抛出第二个问题，我们称为“重构类”问题。“您是如何定义石膏板质量的？关于这点您能说得更详细点吗？”当不能满足客户需求的时候，需要引导客户的需求，对质量重新定义。客户也许会说：“只要满足国家标准都是可以的。”你接着说：“除了石膏板本身的质量，很多客户还重视系统配套齐全和安装指导，这是不是您关注的呢？”引导客户从关注价格转变为关注价值。或者当客户认为所有的中央空调质量都差不多，对价格比较看重的时候，你也可以这么说：“除了正常使用外，中央空调可靠性、能耗、维修保养的成本都是应该考虑的因素，您说是吧？”重构类问题就是打破客户原有的认知模式和判断标准，以你的独特卖点来重塑客户的采购标准。

当客户的需求比较明确，但客户需求不合理或者无法满足客户需求时怎么办？例如客户对产品有一些超出常规的要求。接下来抛出第三个问题，我们称为“挖掘类”问题。“您刚才谈到您对××比较感兴趣，有什么具体的原因吗？”挖掘客户需求背后的原因即隐性需求。例如这个项目对隔声吸声都提出超国家规范的要求，主要的原因是什么呢？（潜台词是你无法达到这个标准）您刚才谈到对轻质砌块隔墙的方案比较认可，有什么具体的原因吗？（潜台词是你不是轻质砌块）“您刚才谈到对价格比较感兴趣，有什么具体的原因吗？”（潜台词是你的价格高了）了解客户显性需求背后存在的问题和要实现的目标，才有机会使客户的显性需求更接近于你的产品和服务的优势。当客户提出项目必须在某月某日前完成，后来从业主那里了解到：定这个日期是因为市长要来考察和剪彩。因此，项目不一定要全部完工，先完成领导要考察的那部分，其次对领导要考察的那部分还可以重点优化，让领导更满意。当然，客户提出无法满足的需求，有可能是被友商引导或者就是随口一说，如果是后者，那就更简单了。

对于了解隐性需求的“挖掘类”问题，要结合一些沉默的技巧，问客户一个问题，然后闭嘴。

客户：你家产品太贵，领导都已经定了，下次再找机会合作吧。

销售人员：这次合作没有任何希望了是吗？

说完这句话保持沉默，看着客户，关键是让客户说出拒绝真正的原因。当然，客户有以下两种反应：

客户回答 1：也不是，你们的东西是不错，主要是你们在当地没有售后服务网点，服务跟不上，设备停工一天损失很大啊！上次的项目……

销售人员：上次合作的项目我了解了一下，那是 3 年前全进口的设备，服务也是委托第三方，现在……

客户回答 2：没有合作的可能性，目前的供应商是公司的战略合作伙伴，都是在总部定的合同。

销售人员：没关系，以后有机会再合作。不过，我有点好奇，这个客户跟你们合作这么长时间，一定在某些方面你是比较满意的。但是，他们在哪些方面让你不满意呀？

客户：说老实话，这些人不把我们放在眼里……（发现了深层需求）

你一定会发现在和客户的沟通中，通过发掘冰山中部的隐性需求，能找到新的销售机会。

深层需求客户隐藏得更深，没有充分的信任不会把自己的购买动机和需求告诉你，需要在与客户建立信任的过程中逐步了解，通过察言观色，发现他想说但不方便说或者刻意否认的想法。你可以这么说："这件事对您个人有什么影响？您有什么顾虑呢？"当客户说出真实的想法时，不要拍着胸脯说："领导，放心没问题。"而是要集中解释能够消除其顾虑的措施方案；客户说这件事还得考虑考虑，客户的潜台词可能是："这是个大单，我对你不了解，所以很犹豫。"客户拒绝成交，不会说跟你没有感情，对你不信任，通常是以价格太贵作为托词；客户个人有想法，但不能明说，也会说你的产品价格太贵，有些销售人员一般这么说："是不是还有哪点我们没有做好啊？""领导，您有什么要求尽管跟我说，我一定尽最大努力满足。"

决定项目成功有的时候恰恰是谁对客户需求把握得更准确，不仅仅是如何采购的显性需求，更重要的是为什么要采购的隐性需求和决定要采购哪一家的深层需求。

当与客户的需求达成了某种共识时，接着抛出第四个问题，我们称为"确认类"问题。例如"根据我的理解，这个项目需要具备防火达到 3 小时的隔墙系统，是这样吗？""安装和调试时间必须在年底前完成，我的理解对吗？"弄清楚客户的意图，锁定其真实需求，防止客户所讲和你的理解存在差异，如果写个书面备忘录给客户做总结是最理想的了。注意：涉及个人隐私的深层需求，不需要一再确认。

接下来还是以石膏板吊顶和隔墙系统作为例子，来解释四个黄金问题的运用。

销售人员：赵经理，您对吊顶和隔墙系统有哪些要求？（信息类问题）

赵经理：石膏板的质量过硬且价格还要优惠！

销售人员：您说的质量过硬，具体要求有哪些呢？（重构类问题）

赵经理：墙面和吊顶一定不能开裂。

销售人员：赵经理对开裂问题这么关注，一定有特别原因吧？（挖掘类问题）

赵经理：我们前一个项目也是政府项目，刚刚验收没几天，上级来参观就发现墙面裂了，形象工程搞成了豆腐渣工程，社会影响很大！我们下面做事的人压力也很大……

销售人员：理解。您提到的墙面开裂问题，在行业内确实比较普遍。除了石膏板本身的质量，还与以下三个方面有关：一是安装人员的操作是否规范；二是配套龙骨的强度和配套接缝材料的质量；三是施工现场的气候条件。为了避免出现开裂的问题，除了在产品质量上严格把关，采用系统的供应商外，还要保证安装的质量，最好能为安装工人提供规范的安装指导和培训。这是不是您关注的呢？（重构类问题）

赵经理：你提醒得对。

销售人员：赵经理，我还有个建议：先做个样板间，实际效果请领导来看看。如果采用我们的全系统产品，我们还可以签个保证效果的协议，您看这对您有帮助吗？

赵经理：想法不错。

销售人员：赵经理，我确认一下，除了配套产品质量，安装指导和培训对保证项目质量也很有必要，同时样板房也是需要的，我的理解对吗？（确认需求）

赵经理：没错。

销售人员：您看下一步？

总结：

了解需求的四个黄金问题分别是：信息类、重构类、挖掘类、确认类。

第三十七讲　呈现价值的四个关键点

销售人员不要急着介绍产品，尤其是与客户初次见面时，要先建立关系和取得信任，然后用前面谈到的四个黄金问题，了解客户的需求，关注对方深层次的问题，重构客户的采购标准，有针对性地介绍产品和方案。介绍产品可以用 FAB 法，如特征、优势和带来的利益。另外，介绍产品还需要注意以下四个关键点：客户的关注点、产品利益点、利益延伸点、客户的痛点。

第一，客户的关注点。客户不会重视那些与他们实际需求无关的利益。项目采购参与决策人多，决策过程复杂，使用者关心产品功能、服务；技术部门关心产品性能和参数；采购人员关心价格、付款条件；高层关注未来影响和重大采购；业主关注质量、服务、成功案例；设计关注技术性能是否满足设计要求；总包关注利润空间。更何况，每个人还有不同的个人诉求。

例如你对设计师说："您比较担心石膏板在潮湿环境的强度问题（需求回顾），我们这个项目采用的是耐水石膏板，在石膏芯内加入了高效有机疏水剂，护面纸也经过防水材料特殊处理（特征），能极大地增强石膏板的憎水效果（优势），完全能保证在卫生间、厨房、地下室等潮湿空间的使用效果和耐久性能（利益）。同时，我注意到您的设计中有很多曲面艺术造型，石膏板这种材料很容易达到您所需要的效果，能大大提升设计的发挥空间（利益）。张工，这是某别墅业主的地下影音室采用石膏板隔墙的使用效果（提供成功案例）。

你也可以对五星级酒店的业主这么说：“您曾经提到的客房隔声不达标，影响客房率和酒店评价（需求回顾）。我们的MW减振龙骨有独特的隔声专利设计，不需要加贯穿龙骨和支撑卡，大大减少了声桥传播的途径（特征）。因此，可以比普通龙骨提高4～5个分贝的隔声量。如果配合我们的隔声石膏板和其他节点处理，这种隔墙系统的隔声效果可以达到55分贝（优势），这对提升咱们酒店的综合竞争力是大有帮助的，不是吗?”（让客户说“是”）

除了有针对性地介绍你的产品和方案，向客户介绍优势和利益不要超过三个。客户可能有五六个需求，但所有的需求并不是同等重要的，介绍过多的产品优势容易使客户感觉混乱，客户一般不会记住超过三个的产品利益。另外，不要主动提及你们从没有讨论过的需求和利益点，言多必失。

第二，产品利益点。项目销售中大部分的产品利益是可以用数字量化的，如投资回报率、利润增加、成本下降、效率提高，数字对客户的说服力大，最理想的还是将数字全部转化为“钱”来计算。产品性能带来的好处越明显越具体，购买者越有可能选择你的产品而不是友商的产品。举例来说，“张总，您曾经提到能源成本居高不下，导致产品缺乏竞争力（需求回顾），因为直流变频压缩机可根据实际空调开启的数量，在5%～100%变频调节（特征），所以相比其他非变频压缩机，能省电30%左右（优势）。对企业而言，每年能节省资金200万元（利益），这对提升咱们企业的竞争力有帮助，不是吗?”（让客户说“是”）

说一句题外话，我们公司的销售人员也被训练给客户讲特征、优势、利益，但最多到提高效率、降低成本这个阶段，再往下具体能省多少钱就不说了。相反，客户跟你谈价格倒是数字很具体，这也是我们在跟客户价格谈判的时候败下阵来的原因。

我以前做石膏板隔墙销售的时候，当客户选择轻质砌块隔墙方案时，往往是因为砌块的价格优势。我一般跟业主这么说："咱们的项目是精装的高档公寓，内隔墙如果用石膏板隔墙，墙体厚度为75毫米，而砌块要达到同样隔声性能，则需要120毫米的砌墙厚度，两侧还加上20毫米厚的砂浆抹灰，墙体厚度为160毫米。我帮你算一下，以一套120平方米的三居室为例，采用石膏板隔墙，使用面积多出了4平方米，现在市中心的房价是10万元/平方米，每套房子就可以多卖40万元（相比砌块的成本节省）。石膏板隔墙得房率高也是咱们项目的一大卖点，况且石膏板比砌块更加环保，咱这可是高档住宅啊！您说是吧？"客户听完往往点头说"是"。

第三，利益延伸点。除了产品的"特征、优势、利益"等狭义的利益，还可以将利益横向扩展一下，如品牌、公司规模、厂家的质量保证书、安装维修、使用培训、销售人员的经验和专业度都是可以向客户强调的价值。如果厂家提供赊账支付、现金付款折扣、数量折扣等，也都是可以强调的客户利益。有些客户对厂家提供信用支持的关心程度大大超过产品本身带来的利益，如设备总包商最关心的可能是价格、利润和付款条件等，而不是产品本身。

除了将利益横向扩展，还可以试着纵向扩展利益。当客户说你的采购价格贵的时候，你可以这么说："您说得对，价格确实是必须考虑的重要因素。如果考虑到中央空调的使用寿命几乎和建筑一样长，中央空调的使用成本如可靠性、能耗、维修保养的成本都是应该考虑的因素，您说是吧？"当你让客户从更长的时间维度来考虑问题的时候，他的决策和思考会有所不同。记得我刚入职的第一天，我的老板对我说了一句话，令我至今不忘，他说：“今天你有幸能进这家公司，是因为你10年前的选择；而今天开始你怎样选择，将决定你10年后的生活状态。”他用20年的时间维度来激励职场小白，确实让我开始思考应该怎样规划我的职业生涯。

第四，客户的痛点。销售人员通过与客户沟通后发现对方的问题或痛点，把问题放大，同时提醒不解决问题的严重后果。当客户感觉所付出的购买成本小于不解决问题所付出的成本时，就可以激发客户的购买欲望。前提是这个痛点是你的产品才能解决的。例如你说：“这是整个生产线很关键的设备，万一出现问题，企业可能得关闭生产线，花几周时间维修甚至重新换掉设备，影响就太大了！”“作为超五星级酒店，分户墙隔声效果确实很重要，它将影响日后客户对酒店的评价，不是吗？”“吊顶开裂是行业内比较常见的问题，咱们这是省级会议中心，万一大堂吊顶开裂，影响美观不说，来的都是领导，恐怕影响不好啊？”

销售人员经常碰到这种情况：友商的品牌、质量、服务各方面都和你的产品不相上下，但价格比你的低不少，而你也确实提不出充分的证据说明贵的理由，怎么办？如果碰到这种情况，可能是自家生产成本的问题，或者是友商恶意竞争，这超出了销售人员的能力范畴。销售人员能力再强，与客户关系再好，但使用你的产品让客户很难跟领导交代。销售人员应该怎么办呢？遇到这种情况只能暂时放弃这个客户，如果与友商硬拼，恐怕两败俱伤。但是在放弃以前你不妨对客户这样说：“张经理，这个价格我们公司确实做不下来，只能以后再找机会合作了。”客户可能会说：“他们能做为什么你们不能做？”你说：“零部件大家都用的是大厂生产的，上游的价格也很透明，行业内公认我们的质量控制比较严格，产品可靠性和耐久性做得更好，我们之间价格有差异但没有这么大，这次他们的报价低这么多我也比较吃惊，不明白他们是怎么做到的……”好了，你不用多说，点到为止，让他自己去琢磨吧！

你也可以这么对客户说：“这个价格我们确实做不了，不过，我们能保证有充足的货源（言下之意友商有价无货），我们能保证合同期内价格不变（言下之意友商可能下个月涨价），我们能保证给客户价格的一致性（言下之意我们一视同仁）。如果哪一天你的领导发现旁边那家的价格比你的还低，领导会怎么想？确实有些供应商先用低价入围把你套住，然后想方设法提高价格，不得不防啊！”

总结：

介绍产品呈现的价值需要注意四个关键点，即客户的关注点、产品利益点、利益延伸点、客户的痛点，如图 9 – 1 所示。

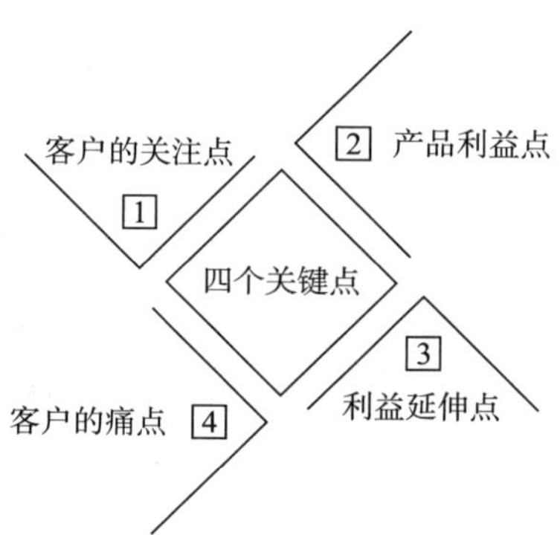

图 9 – 1　介绍产品价值的四个关键点

第三十八讲　寻找差异化的四个途径

营销的本质就是价值战，谁提供给客户更多的价值，谁就能在项目中胜出。差异化是规避低价竞争、提高项目竞争力的一个手段。因此，很多企业都努力对产品进行差异化改造，为顾客提供更多友商无法提供的价值。USP独特的销售主张或卖点，是指产品必须具备友商没有的独特性，给予客户明确的利益承诺。当然，这个卖点必须是客户所关注和在意的。不过，不关注也行，其实客户不是在找差异，而是通过差异化优势形成决策依据，给自己选择你的理由，或者是给愿意帮助你的客户一个帮你的理由。

现实是，一旦企业取得差异化，友商就会迅速模仿，结果大多数的竞争优势只能维持很短的时间，最终产品本身的参数、性能、功能大家都能做到，行业又陷入价格战的陷阱。比如项目中好不容易说服甲方使用石膏板轻质隔墙，但又陷入了石膏板同行的价格大战。怎么办？销售人员也许无法改变产品，但是可以改变客户看产品的角度，把特点变成优点，再把优点发挥到极致，让你的产品与众不同，也就是你的独特的价值主张。世界不缺乏美，只是缺乏一双发现美的眼睛。寻找差异化有以下四个途径：

第一，产品差异化。

一是原料、零部件差异化。是进口零部件还是国产零部件，是大厂原料还是小厂原料。我们的龙骨采用了宝钢的优质镀锌钢带，全进口生产线生产；而我们的同级别友商都是通过OEM外加工，采用的是小厂钢带。因此，我们在跟友商样板房PK的时候，往往由于龙骨成型尺寸和外观很漂亮，直接把友商淘汰了。有一次，在工地上，对方销售人员投诉我们的产品价高质次，他们的产品一样符合国家标准，性价比高，结果业主当场把已经封板建成3个月的样板房拆开，发现友商的龙骨已经锈蚀了，而我们的产品完好无损，友商业务员哑口无言，友商直接出局了。

二是规格、尺寸差异化。你的设备占地面积小，节省空间；同样隔声要求的隔墙采用石膏板系统，得房率会更高；你可以提供全系列产品，而友商可能只是提供单一产品，导致未来质量问题扯不清。我在做石膏板销售的时候，就是不断对甲方强调，使用我们的石膏板还必须使用我们的龙骨、石膏粉泥子，这样才能保证满足防火和隔声的要求。全系列产品其实也是我们公司的一个卖点。

三是功能差异化、性能差异化。能做到与竞争友商差异化更好，如果做不到，但友商成本更高也可以形成差异化。某中央空调通过冷量标准按照自己的设备来设计，对于其他厂家来说，选的机组只能是偏大，导致友商的成本增加。而在另一个案例中，某外资水泵企业在第一轮公开唱标中处于中间价位，而其他9家投标公司竟然都是国产水泵。后来发现33台泵中的9台泵要配置10千伏高压电机，大多厂家在第一轮已经按照高压电机配置，而外资水泵企业仍然按照低压电机报价，显然更换高压电机后，价格会高出其他厂家一大截，最终他们因价格太高而出局。

四是产地差异化。同样是国际品牌，德国品牌给人以质量可靠的优势；同样是国内品牌，上海工人素质高、质量有保障。以前我服务的是一家德国公司，生产基地在安徽；而我们的一个友商是一家法国公司，生产基地在上海。有一次，我买大众车的时候很纠结，不知道是买一汽大众还是上海大众。促使我做决定的是上海大众销售人员的一句话，他说虽然都是大众品牌，但工人的素质决定车的质量，南方工人干活更细致，况且你本身在上海，服务更方便。

五是服务差异化。“一年保修是国家标准，我们采用两年标准”；自有售后服务团队是一个卖点，服务更专业，必要时会不计服务成本。反过来，通过第三方提供服务，可不可以作为一个卖点呢？你也可以这么说：“第三方服务有三大优势：首先，服务网点离客户更近，接到电话一小时内就能赶到现场；其次，提供服务的工程师见多识广、专业水平高，遇到的疑难杂症比厂家售后服务多得多；最后，如果客户不满意，完全可以投诉服务人员，我们也对服务公司有约束条款。”

第二，商务差异化。即使是产品同质化和标准化，也可以找出商务条件的差异化，品牌影响力最强、企业规模最大、生产线最先进、经营年限最长、成功案例最多、价格最优惠、付款方式最灵活等。例如我们是国外品牌里价格最低的或者是付款条件最好的。我以前遇到一个销售人员，总是把这句口头禅放在嘴边；“张工，我们初次见面，可能你对我还不太了解，接触时间长了你就知道，我是一个知恩图报的人。”

第三，外观设计差异化。配合设计师的设计理念和要求，以独一无二的造型、色彩创造差异化。往往外观的差异化很难被标准化和量化，因此也很难被模仿。色彩、造型是软性标准，还有品牌、信誉、企业价值观等软性标准，这也为愿意帮助你的客户提供了理由和操作的空间。

2000 年，F 地产集团在浦东滨江开发 6 栋高层豪华住宅项目，玻璃用量达 5 万平方米。我从设计院得知，该项目由国外设计师设计，门窗拟采用绿色钢化镀膜玻璃，并提供了样板颜色，这么大量的镀膜玻璃用于住宅项目，在国内市场实属少见，当然也是绝好的商机。在设计院的帮助下，我们公司得到仿样机会，要仿出与样片一模一样的颜色。我利用“五一”假期，请工厂的高级工艺师一起到工地现场测量参数，然后依据现场的参数再度调仿，终于把产品搞出来了。而其他几家友商要么颜色不对，要么清晰度不够，最终我们的产品得到了业主的认可。该住宅项目推出后市场反应热烈，获得空前成功，全盘售罄，紧接着又在虹桥新城、古北新城等一系列项目中采用我公司的产品，当年玻璃用量超过 10 万平方米，我和高级工艺师因此都获得了公司的嘉奖。

第四，销售模式差异化。别人在卖产品，你在卖系统和解决方案，这就是最大的差异点。客户认为供应商提供的价值有两种：一是传递产品的价值，即独特的价值主张。但产品同质化日益严重，即使有差异化的产品，也是暂时的，友商会快速模仿，虽然我们可以换个角度发现差异化和独特卖点，但不可否认，第一种价值含量变少了。二是销售人员创造的价值。这种价值不是来自产品本身，而是来自销售过程，通过为客户提供“量身定做”的解决方案，为客户解决业务问题创造价值，来规避同质化产品价格的竞争，或者通过产品选型、系统集成供应客户一组系统的产品，减少客户的麻烦和工作量。而产品只是方案的一部分，是用来解决问题的工具集合。

在项目方案阶段，建筑师可能找不到某个问题的解决办法或对选择哪种方案不太确定，例如建筑师对大剧场的空间混响、吸声要求或对钢结构防火找不到很好的解决方法，你提出系统的解决方案，帮助客户解决业务问题，你的对手只是提供产品，你在提供解决问题的办法，这就是你与友商最大的差异化。我以前工作的公司一直强调我们不是卖石膏板的，也不是卖龙骨石膏粉的，我们是卖吊顶和隔墙系统的。因为卖产品没有差异化，但系统就不同了，很多小的厂家都是单一产品不配套，系统就是我们独特的卖点。无论是卖系统还是卖方案，都是为客户创造了价值，而客户也会根据销售人员能够提供的价值而区别对待供应商，把订单交给能额外创造价值的供应商。

总结：

世界不缺乏美，只是缺乏一双发现美的眼睛，寻找差异化有四个途径，即产品差异化、商务差异化、外观设计差异化、销售模式差异化，如图9－2所示。

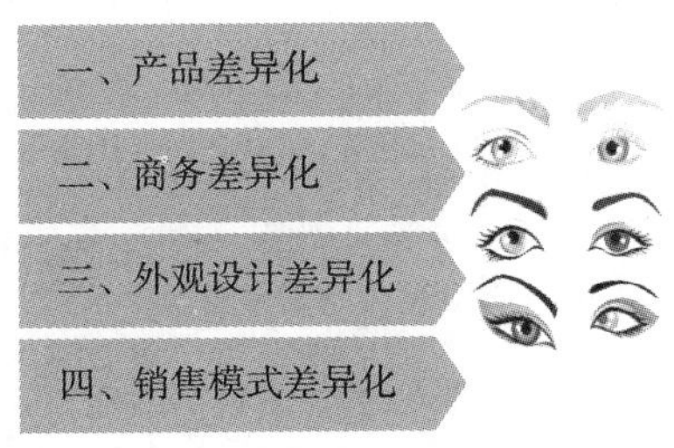

图9－2　发现差异化的四个途径

后 记

优秀项目销售人员的五个心态

同样的市场、同样的客户，甚至在同样的企业里，业务人员的业绩却有巨大的差别，销售冠军能高概率成交、大订单成交、高价成交、持续成交；而一般销售人员只能偶尔成交、小订单成交、成本价成交。这给我们带来思考，为什么他们的差距这么大呢？除了经验、销售能力，我们发现关键还是销售人员的心态。那么，优秀项目销售人员需要具备怎样的心态呢？

1. 亿万富翁的心态

客户怎么对待你是你决定的，你是什么样的人，就会吸引到什么样的人。我是亿万富翁，我是财务自由的，失去这个订单不会影响我的生计，我宁愿放弃你而去找到认同我的价值的客户，而你将与一个好产品和服务擦肩而过。一个优秀的销售人员应该有这样的自信，假定客户这次一定会成交且会高价成交，当销售人员有强大的气场时，客户的态度就会自动跟你匹配从而顺利成交。

世界也是一面镜子，你看到的其实就是自己的投射。当你感觉产品太贵没有底气时，客户的态度就会自动跟你匹配。物以类聚，人以群分。那些不太自信、自我价值感低的销售人员，总是与那些要低价的客户不期而遇。

2. 保持正向思维

销售人员每天早出晚归，除需要付出超出常人的体力外，更背负着沉重的心理负担。业绩考核的压力像大山一样压得你无法喘息，客户的拒绝甚至是出言不逊无情地吞噬着你仅有的一点好心情，眼看到手的订单被友商抢走，只能捶胸顿足，我相信这是大部分销售人员的典型写照。

如果销售人员带着沮丧的心情拜访下一个客户，会是什么结果可想而知了，最终会陷入恶性循环的怪圈。而一个有积极思维方式的销售人员从不因为被拒绝而苦恼，他的情绪也不会被客户的反应所左右，如果有些沮丧也只是几分钟而已，他可能会耸耸肩在心里解嘲说："嘿，这家伙失去了一个使用世界上最好产品的机会。"然后上路去拜访下一个客户，相信 99 次拒绝也只是为下一个签约客户做的铺垫。同时，乐观的销售人员随时传播给人积极的能量，在跟客户交流时也是这样，你的乐观情绪会带给客户愉快的消费体验，客户也更愿意跟你交流。

3. 保持平等与真诚

如果用一句话来描述对销售人员的看法，一般是这样的：纠缠、喋喋不休、高压销售、不诚信等。不错，人们对销售人员的反应基本上是负面居多，因此，当客户碰到有这样行为的销售人员时，他们也不会觉得吃惊，因为这看起来就像典型的销售人员。不过接下来，他们也会用对付销售人员的传统套路，或者拒绝，或者说考虑一下，或者直接进入价格拉锯战。最终，即使成交价格也是惨不忍睹。我们强调一个销售人员应该是"不像一个销售"，就是要求你跟传统销售形象背道而驰，保持平等与真诚的心态。

首先是平等。做销售不是求人办事，而是帮助客户解决问题，所以没有必要低三下四。不敢见客户高层，觉得自己太卑微；当客户要求改方案也不敢提出要求；战战兢兢唯恐失去客户。平等思维就是相信任何交易都是双赢的，相信你能给客户带来价值，我绝不会为了这个订单委曲求全、放低自己的身价，如果条件对我不利，我不一定非得做这个生意。当你抱着这样坦然的心态跟客户合作时，反而会获得客户的尊重。

其次是真诚。不纠缠、不喋喋不休，也不言过其实，“我不敢肯定是否一定适合你……”当客户说你的产品太贵的时候，你会说：“确实我们的产品不便宜。”当一位客户询问了一个使你也困惑的问题时，你真诚地道歉：“我不知道，我回头请技术部的同事给你解释。”坦率地承认自己不知道，比拐弯抹角试图把客户忽悠晕要更好。少点套路多点真诚，淡定从容地与客户沟通，摘除客户的戒备心理，使得沟通更有效也更容易成交。这样客户跟你打交道会很舒服、很愉快，而你的工作也很有尊严。

4. 像医生一样思考

医生和药贩子最大的区别是：医生是先问诊，“哪里不舒服？持续多久了？具体有什么症状”，最后才开处方配药；而药贩子是吹嘘自己有包治百病的神药。很多销售人员都很擅长药贩子的方法，先亮出产品，天花乱坠地一阵猛夸，然后等待客户宣判，当客户说不要或太贵时，就与客户进入控辩双方的交锋，再不行直接亮出价格武器。销售人员需要改变一下药贩子的模式，思考客户为什么要购买？为什么会提出这样的需求？使用过程中遇到了什么问题？需要什么帮助？采购部门当事人有什么样的压力？当你把关注点放在客户身上，而不是自己的产品上时，客户觉得你是站在他的角度真正地关心他。客户愿意和关注他们问题的人做生意。

5. 我才是失败的根源

年末总结时，某人业绩很好，问其原因，他说可能是自己努力的结果；当业绩不佳的时候，大部分人会怪罪经济大环境差。一个销售人员被领导问项目丢单的原因时，绝大部分人都会说

“我们价格太高、对手关系太硬”，而很少从自身找原因。客户在拒绝成交时，一般也不会说这是因为对你不信任，你不够专业没有价值，而通常是以价格太贵作为托词。销售人员总能找到自我安慰的借口，同时，这也是对领导汇报失败原因的最好理由。

失败的人找借口，成功的人从来不抱怨。成事在天，谋事在人。环境是不可控的，强调外部原因毫无意义，大家都面临同样的问题，从自身做起，这是唯一能改变现状的方法。做销售没有奇迹，只有天道酬勤！你在大家不能坚持的时候还能坚持，在大家放弃的时候仍然不放弃，当达到成功的终点，你回头一看就剩自己了，你说这个订单不归你归谁？

最后做一个总结，优秀项目销售人员应具备的 5 个心态分别是：亿万富翁的心态、保持正向思维、保持平等与真诚、像医生一样思考、我才是失败的根源。

老板 · 创业			
一、经理人			
书名	**内容**	**书名**	**内容**
老总有想法，高层有干法 王清华　著	企业将、帅之间的定位问题、角色问题、方法问题、思维问题、管理问题等	**历史深处的管理智慧 1：组织建设与用人之道** 刘文瑞　著	通过历史鉴照当今企业选人用人、二代接班人、创业团队管理等问题
历史深处的管理智慧 2：战略决策与经营运作 刘文瑞　著	通过历史鉴照当今企业决策、战略规划、战略冒进、决策监督等问题	**历史深处的管理智慧 3：领导修炼与文化素养** 刘文瑞　著	通过历史鉴照当今企业的领导修养、用权、管理风格等问题
老板经理人双赢之道 陈　明　著	经理人怎养选平台、怎么开局，老板怎样选/育/用/留		
二、用人			
用好骨干员工 王　敏　著	系统化分享关键人才打造与激励方法	**领导这样点燃你的下属** 孟广桥　著	领导者如何才能让员工积极主动地工作
让用人回归简单 宋新宇　著	帮助管理者抓住用人的要害，让用人变得简单		
三、转型 · 创业			
创业要过哪些坎 董　坤　著	15 年创业咨询经验总结的创业遇到的问题及办法	**高潜牛人** 董　坤　著	创业和事业发展中如何找到牛人
成为下一个 SaaS 独角兽 崔牛会　主编	19 位 SaaS 领专家，7 个不同的视角总结 SaaS 行业实践	**创模式：23 个行业创新案例** 段传敏　著	CEO 社群 23 位企业家的思考与实践分享。
重生——中国企业的战略转型 施　炜　著	本书对中国企业战略转型的方向、路径及策略性举措提出了建议和意见。	**7 个转变，让公司 3 年胜出** 李　蓓　著	企业估值、业务模式、营销、生产制造、客户服务、用户黏性到组织管理 7 个转变
企业二次创业成功路线图 夏惊鸣　著	五步骤给出了一幅企业二次创业经营突破、管理提升的成功路线图	**跟老板"偷师"学创业** 吴江萍　余晓雷　著	如何通过"偷师"学习与积累当老板的阅历
公司由小到大要过哪些坎 卢　强　著	企业成长路线图，现在我在哪，未来还要走哪些路，都清楚了	**跳出同质思维，从跟随到领先** 郭　剑　著	66 个精彩案例剖析，帮助老板突破行业长期思维惯性
企业经营			
经营打造你的盈利系统 高可为　著	选择最有效的经营策略，打造属于自己的商业模式	**中国企业的觉醒** 王　涛　著	企业告别自私、野蛮，转向善良、爱，才会赢得消费者
成为敏感而体贴的公司 王　涛　著	未来有竞争力的企业，一定是那些敏感而体贴的公司！	**有意识的思考** 王　涛　著	对头脑中固有观念保持觉察，从而超越它们的局限
简单思考 孔祥云　著	著名咨询公司（AMT）CEO 创业历程中的经验与思考	**写给企业家的公司与家庭财务规划** 周荣辉　著	以企业的发展周期为主线，写各阶段企业与企业主家庭的财务规划

续表

书名	内容	书名	内容
从10亿到100亿的企业顶层设计 刘建兆　著	重新定义企业成长方式，有效益、有效率、有效能、有效果、有品质的良性成长。	**活系统：跟任正非学当老板** 孙行健　尹　贤　著	造活系统，使系统活，靠系统活，活得系统。
宗：一位制造业企业家的思考 刘建兆　著	发展20年营业额近亿元制造业企业家的思考与心得	**使命：驱动企业成长** 高可为　著	用大企业发展轨迹及企业家的心路历程，揭示企业成长的基因，做事的逻辑
让经营回归简单 宋新宇　著	战略、客户、产品、员工、成长、经营者的经营法则	**边干边学做老板** 黄中强　著	86个案例讲述中小公司成长过程遇到的问题和方法
盈利原本就这么简单 高可为　著	跨越业务与财务边界，为企业提高盈利水平提供方法。		
综合管理			
一、企业管理			
让管理回归简单 宋新宇　著	从目标、组织、决策、授权、人才、老板自己等提供方案	**管理的尺度** 刘文瑞　著	西医式的体检化验，又要施加中医式的望闻问切
管理：以规则驾驭人性 王春强　著	人性驾驭角度权度运筹安排的可兑现性，管理有效性	**看电影，学管理** 刘文瑞　著	十六部电影的解读，揭示电影内含的管理之道
好管理　靠修行 曾　伟　著	从佛法、道法思想中寻找管理智慧	**公司大了，怎么管** 金国华　著	成长型企业发展中的共性问题，通过案例实录解开
低效会议怎么改 王玉荣　葛新红　著	从梳理公司会议体系的层面改变低效会议的现状	**年初订计划年尾有结果** 郭　晓　著	总结七步落地方案让战略计划切实落地实现
分股合心 段　磊　周　剑　著	围绕股权激励，详细介绍相关知识和实行方法	**员工心理学超级漫画版** 邢　磊　著	漫画形式对组织中个体心理的全面介绍和深入探讨
让投诉客户满意离开 孟广桥　著	投诉法律法规，应对各种投诉技巧等提升客诉能力		
二、管理思想			
管理学的奠基者 刘文瑞　著	近代以来的管理思想发展揭示管理思想的演化奥秘	**巴纳德组织理论研读** 郭　威　著	深度研读巴纳德《经理人员的职能》，帮你理解和看懂
管理学在中国 刘文瑞　著	科学看待管理学流入中国，对继承发展进行深入阐述	**德鲁克管理学** 张远凤　著	以德鲁克管理思想发展为线展示20世纪管理学发展
德鲁克与他的论敌们 罗　珉　著	德鲁克与马斯洛、戴明等诸多管理大师论战的故事	**德鲁克管理思想解读** 罗　珉　著	作为德鲁克学生全面解构其思想的精髓与实践价值
治论：中国古代管理思想 张再林　著	深入分析中国古代哲学基本精神的基础上，梳理分析了儒法墨三家的管理思想		

续表

营销·销售			
一、企业销售			
书名	内容	书名	内容
大客户销售这样说这样做 陆和平　著	大客户销售活动的十大模块，68个典型销售场景	**向高层销售** 贺兵一　著	销售人员与客户高层打交道需要重点掌握的知识、技巧
资深大客户经理 叶敦明　著	将大客户经理必须具备的规划、策略、执行三种能力连通自如	**成为资深的销售经理** 陆和平　著	让销售经理成功把握销售管理6个关键点，并提供工具
销售是个专业活 陆和平　著	据客户采购流程拆分销售过程10阶段，讲解方法技巧	**学话术　卖产品** 张小虎　著	手机、电动车、家电、食品等消费品的一线销售话术
二、企业营销			
新营销组织力 迪智成　著	适应最新数字化外部环境，系统化协同组织能力建设	**营销按钮** 老　苗　著	讲述存在于人性以及各个营销环节中的“按钮”
精品营销战略 杜建君　著	“精品营销战略”核心逻辑与营销组合策略	**360°谈营销** 王清华　古怀亮　著	营销是立体的，从不同角度观察不同企业的营销精髓
互联网精准营销 蒋　军　著	互联网时代整3体策划、包装品牌和产品	**招招见销量的营销常识** 刘文新　著	做好基本的营销动作都可以提高销量、减低成本
用数字解放营销人 黄润霖　著	用数字说话覆盖营销工作的方方面面	**用营销计划锁定胜局** 黄润霖　著	让营销计划落地，营销人员只需解决两个问题：基数与概率
我们的营销真案例 联纵智达研究院　著	五芳斋粽子、诺贝尔瓷砖、利豪家具、保健品、娃哈哈	**中国营销战实录** 联纵智达研究院　著	51个案例，46家企业，46万字，18年积淀
弱势品牌如何做营销 李政权　著	产品与物流通道、服务通道、促销互动通路提供方法	**解决方案营销实战案例** 刘祖轲　著	十大工业品作者实操案例解码解决方案营销
升级你的营销组织 程绍珊　吴越舟　著	根据企业实际情况建立有机性营销组织	**变局下的营销模式升级** 程绍珊　叶　宁　著	十年大量案例归纳三种核心驱动要素，三种升级方向
老板如何管营销 史贤龙　著	以十六个招式，理论与案例相结合，高段位营销方法	**孙子兵法营销战** 刘文新　著	理解《孙子兵法》原意的同时，还可体悟到营销之用
三、品牌			
中国品牌营销十三战法 朱玉童　著	深度演绎最符合企业品牌营销策划的十三套实战战法	**中小企业如何打造区域强势品牌** 吴　之　著	如何建立强势品牌的角度解析扩张难题
四、营销策划			
这样写文案，就没有卖不动的产品 秦　剑　刘安丽　著	术、法、道三个层面由浅至深培养商业文案创作能力	**洞察人性的营销战术** 沈　坤　著	介绍了28个匪夷所思的营销怪招，大部分甚至可以直接运用

续表

书名	内容	书名	内容
双剑破局：沈坤营销策划案例集 沈 坤 著	双剑公司 8 年来的实操案例，每个项目诞生过程、策划角度和方法		
企业案例			
鲁花：一粒花生撬动的粮油帝国 余 盛 著	鲁花如何成长为优秀的带动农业产业发展的品牌，鲁花你一定学得会	**金龙鱼背后的粮油帝国** 余 盛 著	以金龙鱼为脉的一部中国粮油行业的史诗
你不知道的加多宝 曲宗恺 牛玮娜 著	以时间为轴线，详细叙述了加多宝品牌的发展历程	**静水流深** 黄治国 著	作者在美的十五年对何享健近内部讲话资料的整理
娃哈哈区域标杆 罗宏文 快车君 赵晓萌 寇尚伟	讲娃哈哈豫北市场如何成为娃哈哈全国第一大市场、全国增量第一的市场	**借力咨询：德邦成长背后的秘密** 官同良 王祥伍 著	德邦将自己积累的与咨询公司发展共赢的合作逻辑和盘托出
六个核桃凭什么从 0 过 100 亿 张学军 著	全视角深度解读养元企业的裂变成长，复盘十年蜕变轨迹	**像六个核桃一样** 王 超 著	六个核桃为什么卖得这么好，产品畅销的 6 大要义 36 条简明法则
中国首家未来超市 IBMG 集团 著	对乐城超市的掌门人及内部员工的采访详细阐释了乐城的经验	**三四线城市超市如何快速成长：解密甘雨亭** IBMG 集团 著	甘雨亭的许多关键经营指标均高于行业标准，学习其成功的方法
集团化企业阿米巴实战案例 初勇钢 著	作者在某酒厂推行阿米巴经营模式的心得		
经销商			
新经销：新零售时代教你做大商 黄润霖 著	探访近 100 位经销商在传统营销手法上的创新，传统营销微创新和新营销本地化	**商用车经销商运营实战** 杜建君 王朝阳 章晓青 著	对商用车经销商的经营与管理、4S 店运营做了全方面的系统总结
跟行业老手学经销商开发与管理 黄润霖 著	从管理耐用消费品经销商角度提炼了 48 个代表性问题并给出解决办法	**快消品经销商如何快速做大** 黄润霖 著	经销商如何通过经营实现规模，通过管理实现规模效益
建材家居经销商实战 42 章经 王庆云 著	经营管理的心法和战法，帮助经销商成为“业务妙手”和“管理能手”	**成为最赚钱的家具建材经销商** 李治江 著	针对建材家居行业的经销商，从销售模式、产品、门店、市场等方面给出方法
白酒经销商的第一本书 唐江华 著	经销商如何选择厂家、合作、运营品牌等问题给建议	**快消品招商的第一本书** 刘 雷 著	从招商理论到招商动作进行系列化分解，化繁为简
中小企业			
中小企业如何打造区域强势品牌 吴 之 著	如何建立强势品牌的角度解析扩张难题	**用流程解放管理者** 张国祥 著	8 个板块构成，共 66 篇文章，14 幅流程管理图
用流程解放管理者 2 张国祥 著	对中小企业规范化流程管理进行系统的阐述	**弱势品牌如何做营销** 李政权 著	产品与物流通道、服务通道、促销互动通路提供方法

续表

书名	内容	书名	内容
本土化人力资源管理8大思维 周　剑　**著**	用最贴近中国中小企业现实管理情境的案例去讲述周围人的“家事”	**中小农业企业品牌战法** 韩　旭　**著**	农业企业需要全产业链视野，更需要品牌实战方法
门店销售冠军复制系统 王吉坤　**著**	门店型企业如何打造可复制的销售冠军系统，凡是门店型企业都可以使用	**新零售动作分解与实操：建材·家居·家具** 盛斌子　**著**	对泛家居行业趋势、店面管理、团队管理、促销推广、五感营销等提供策略
家具建材促销与引流 薛　亮　李永锋　**著**	对泛家居营销执行模式和工具、关键环节等进行汇总	**建材家居门店6力爆破** 贾同领　**著**	产品力、导购力、形象力、推广力、服务力、组织力
家具行业操盘手 王献永　**著**	总结家具终端门店发展的现状及问题并给出策略	**手把手教你做专业督导** 熊亚柱　**著**	系统梳理督导的核心技能，岗位职责、工作流程及技能
手把手帮建材家居导购业绩倍增 熊亚柱　**著**	针对建材家居门店的业务人员，案例故事还原场景教你成为好导购	**10步成为最棒的建材家居门店店长** 徐伟泽　**著**	梳理店长管理的核心工作职责，店面管理规范和帮助销售人员成长
建材家居门店销量提升 贾同领　**著**	9个板块讲述建材门店一个单店如何做到经营的良性循环	**总部有多强大，门店就能走多远** IBMG集团　**著**	五大方向综合阐述连锁零售企业总部如何提升管理能力
赚不赚钱靠店长，从懂管理到会经营 孙彩军　**著**	注重专卖店的经营思路拓展，门店管理细节方面能力提升	**新医改了，药店就要这样开** 尚　锋　**著**	从药店定位的思考，内部和会员管理等几个方面探讨中小型药店发展方向
门店管理			
电商来了，实体药店如何突围 尚　锋　**著**	新时代药店经营三驾马车：药学专业服务、会员贴心服务和精准定向促销	**引爆药店成交率1：店员导购实战** 范月明　**著**	药店人的零售工作怎样接待顾客，完善销售技巧
引爆药店成交率2：药店经营实战 范月明　**著**	从药店经营角度如何建立改善门店现状的实用标准	**引爆药店成交率：专业化销售解决方案** 范月明　**著**	从简单的拿药服务到提供多角度的专业解决方案
互联网			
一、互联网转型			
画出公司的互联网进化路线图 李　蓓　**著**	18个“可以……吗”的问题作为你产品、客户和价值方面的指引牌	**7个转变，让公司3年胜出** 李　蓓　**著**	企业估值、业务模式、营销、生产制造、客户服务、用户黏性到组织管理7个转变
重生战略移动互联网和大数据时代的转型法则 沈　拓　**著**	四个重生战略对应四个法则告知传统企业的转型重生之路	**创造增量市场：传统企业互联网转型之道** 刘红明　**著**	为读者提供了寻找这些互联网的切入点和接触点的具体方法，带来增量市场
互联网+变与不变 本土管理实践与创新论坛　**著**	61篇精华文章，聚焦传统行业如何互联网+时代转型	**今后这样做品牌** 蒋　军　**著**	顶层设计、营销创新、产品战略、渠道变革、品牌策略
移动互联新玩法 史贤龙　**著**	立足现实，剖析新时代背景下的移动互联趋势与热点	**互联网时代的成本观** 程　翔　**著**	多维组合成本的互联网精神和大数据特征及应用

续表

书名	内容	书名	内容
正在发生的转型升级实践 本土管理实践与创新论坛　著	100多位本土管理专家当年对最新一年的思考和实践	**1000铁杆女粉丝** 张兵武　著	如何让普通女性成为忠实追随的铁杆粉丝，磁力点、情感结、甜蜜区、信任圈
混沌与秩序Ⅰ：变革时代企业领先之道 彭剑锋　施　炜 苗兆光　王祥伍 孙　波　夏惊鸣	新环境下企业面临变革应如何应对，作为企业家又应当如何坚守并与企业共同成长提出了深度思考	**混沌与秩序Ⅱ：变革时代管理新思维** 彭剑锋　施　炜 苗兆光　王祥伍 孙　波　夏惊鸣	对处于时代变革下的企业管理新机制、人力资源管理新思维，组织与人的新型关系，结合案例提出优化建议
消费升级：实践·研究 本土管理实践与创新论坛　著	从经营、管理、行业三个方面记录消费升级下的实践	**互联网精准营销** 蒋　军　著	互联网时代整体策划、包装品牌和产品
二、抖音、微信微商、电商			
抖音营销系统 刘大贺　著	抖音系统的实战营销知识，上百个从0做大的案例	**金牌微商团队长** 罗晓慧　著	微商团队长创业实操的指导工具书
微商生意经：真实再现33个成功案例操作全程 伏泓霖　罗晓慧　著	精心挑选的33个微商成功案例，阐述具体操作过程	**快速见效的企业微信营销方法** 孙　巍　著	站在微信生态的立体高度系统讲述企业微信快营销方法论
阿里巴巴实战运营：14招玩转诚信通 聂志新　著	产品定位、阿里巴巴排名因素、数据分析，标题优化等如何做好阿里巴巴	**阿里巴巴实战运营2：诚信通热卖技巧** 聂志新　著	打开诚信通运营的金钥匙，10大具体运营技巧
三、行业新营销			
餐饮新营销 杨　勇　程绍珊　著	聚焦餐饮企业转型，系统的餐饮企业营销管理体系	**新零售进化路径** 李政权　著	预先复盘新零售及商业的未来，找到方向
珠宝黄金新营销 崔德乾　著	珠宝业新营销/新品牌/新产品/新零售/新连接/新场景/新服务/新传播/新管理	**新经销：新零售时代教你做大商** 黄润霖　著	探访近100位经销商在传统营销手法上的创新，传统营销微创新和新营销本地化
新零售动作分解与实操：建材·家居·家具 盛斌子　著	对泛家居行业趋势、店面管理、团队管理、促销推广、五感营销等提供策略	**新营销** 刘春雄　著	让品牌商和渠道商掌握获得独立流量的能力，能够与平台商博弈
快速见效的企业网络营销方法　B2B　大宗B2C 张　进　著	数据和案例90%来自作者服务的中小企业，快速全面地学习企业网络营销方法	**移动互联下的超市升级** 联商网专栏　著	超市未来的发展趋势，对社区超市、生鲜、全渠道建设、O2O等提出观点
百货零售全渠道营销策略 陈继展　著	零售行业的竞争重点、行业本质，战略转型、未来趋势、经验和案例	**互联网时代的银行转型** 韩友斌　著	银行业在互联网金融变革浪潮中所做的积极应对和转型布局
触发需求：互联网新营销样本·水产 何足奇　著	通过鲜誉案例解读阐述水产行业如何进行互联网转型	**新农资如何弯道超车** 刘祖轲　著	从农业产业化、互联网转型、行业营销与经营突破四个方面阐述农资企业转型

续表

书名	内容	书名	内容
新零售　新终端 迪智成　著	将新零售系统打法做梳理并落地在新终端建设上		
医药医疗			
一、药店			
新医改了，药店就要这样开 尚　锋　著	从药店定位的思考，内部和会员管理等几个方面探讨中小型药店发展方向	**电商来了，实体药店如何突围** 尚　锋　著	新时代药店经营三驾马车：药学专业服务、会员贴心服务和精准定向促销
引爆药店成交率1：店员导购实战 范月明　著	药店人的零售工作怎样接待顾客，完善销售技巧	**引爆药店成交率2：药店经营实战** 范月明　著	从药店经营角度如何建立改善门店现状的实用标准
引爆药店成交率：专业化销售解决方案 范月明　著	从简单的拿药服务到提供多角度的专业解决方案		
二、药品销售			
医药第三终端：从控销到动销　诊所　基层医疗 王祥君　张芳文　著	用大量案例来梳理药企落地动销的策略、方法和技战术	**医药营销：诊所开发维护与动销** 张江民　著	从六个方面系统阐述基层诊所市场营销攻略
处方药合规推广实战宝典 赵佳震　著	对处方药推广体系搭建、推广人员岗位内容等六个方面进行阐述	**医药代理商经营全指导** 戴文杰　著	从产品选择、价格体系设计、路径管理等维度描述代理商产品操作的基本策略
处方药零售这样做 田　军　著	处方药零售的重要性及做市场的具体措施和方法	**OTC医药代表药店开发与维护** 鄢圣安　著	一位从初级OTC医药销售代表成长起来的销售经理的经验分享
OTC医药代表药店销售36计 鄢圣安　著	以《三十六计》为线，写OTC医药代表向药店销售的一些技巧与策略		
三、药企转型			
药企战略·运营与医药产业重构 杜　臣　著	对医药产业的深度认知与发展趋势结合，战略思考与经营操作相统一	**医药行业大洗牌与药企创新** 林延君　沈　斌　著	围绕着创新介绍医药行业，介绍近百家医药企业创新实践案例
医药新营销 史立臣　著	从药企最关心的八个方面阐述制药企业、医药商业企业营销模式转型	**医药企业转型升级战略** 史立臣　著	商业模式转型、管理转型、定位转型、运营模式转型和跨界转型五方面阐述转型
新医改下的医药营销与团队管理 史立臣　著	立足新医改相关政策的解读，为中小医药企业出谋划策	**在中国，医药营销这样做** 段继东　著	时代方略在医药营销领域思想、方法文章的精选合集
四、新医疗			
成为医疗器械领军者 王　强　著	中小型医疗器械生产企业和代理商怎样转型	**新型诊所经营与创新** 动脉网　著	对新型诊所从标准化管理、经营方式、团队建设、连锁模式四个方面进行解读

续表

书名	内容	书名	内容
医美新风口：颜值经济下的亿万市场 动脉网　著	详细介绍中国医疗美容行业的发展趋势，现状以及医美产业链等	**互联网医院：正在发生的医疗新变革** 动脉网　著	介绍互联网医院的建设与运营、管理，发展模式和市场布局，以及发展规律
快消品			
一、快消案例			
中国快消品营销这些年 史贤龙　著	一本书浓缩快消品营销15年的实战历程与前沿思考	**这样打造大单品** 迪智成　著	通过13个大案例帮助企业梳理打造大单品的路径
你不知道的加多宝 曲宗恺　牛玮娜　著	以时间为轴线，详细叙述了加多宝品牌的发展历程	**娃哈哈区域标杆** 罗宏文　快车君 赵晓萌　寇尚伟	讲娃哈哈豫北市场如何成为娃哈哈全国第一大市场、全国增量第一的市场
六个核桃凭什么从0过100亿 张学军　著	全视角深度解读养元企业的裂变成长，复盘十年蜕变轨迹	**像六个核桃一样** 王　超　著	六个核桃为什么卖得这么好，产品畅销的6大要义36条简明法则
5小时读懂快消品营销 陈海超　著	20年快速消品市场风云洞察解码，丰富的案例解析		
二、快消品区域经理			
快消品营销团队管理 刘　雷　伯建新　著	快消品团队管理相关的20余个工具＋20余个案例	**这样打造快消品区域标杆** 罗宏文　牛玉龙　著	分为两篇解决如何成功打造标杆市场和进行持续增量管理两大问题
成为优秀的快消品区域经理（升级版） 伯建新　著	作为区域经理的“速成催化器”，升级版增加11篇内容	**快消老手都在这样做：区域经理操盘锦囊** 方　刚　著	一线成长起来的资深快消品营销人“压箱底”绝活亲囊而授
快消品营销人的第一本书 刘雷　伯建新　著	针对一线厂家业务员工作中常遇到的问题给予建议	**销售轨迹：一位快消品营销总监的拼搏之路** 秦国伟　著	一个普通营销人的故事，16年背井离乡的职场拼搏之路
快消品营销：一位销售经理的工作心得2 蒋　军　著	从市场操作、团队管理、传播推广、营销的具体策略和战略等方面提供方法		
三、快消品动销			
动销：产品是如何畅销起来的 余晓雷　著	怎么被消费者买走和竞争对手是谁这两个原点解决动销问题	**动销操盘：节奏掌控与社群时代新战法** 朱志明　著	用七个章节阐述关于动销操盘的要诀，节点、节奏、主次、条件匹配性等问题
动销四维：全程辅导与新品上市 高继中　著	从产品、渠道、促销和新品上市四个方面详细讲解提高动销的具体方法		
四、快消品渠道			
深度分销 施　炜　著	流道价值链、模式选择、渠道策略与管理、零售经销商管理、最佳实践、团队建设	**通路精耕操作全解周俊** 陈小龙　著	对康师傅制胜法宝通路精耕进行系统介绍与说明，图表和完善入微的操作方法

续表

书名	内容	书名	内容
酒水饮料快消品餐饮渠道营销手册 朱伟杰　著	对餐饮渠道深入挖掘，建立适合餐饮渠道发展的服务模式和组织保障措施	**快消品经销商如何快速做大** 杨永华　著	经销商如何通过经营实现规模，通过管理实现规模效益
快消品营销与渠道管理 谭长春　著	解决日常涉及的渠道管理、市场、产品等营销事务	**快消品招商的第一本书** 刘　雷　著	从招商理论到招商动作进行系列化分解，化繁为简
采纳方法：化解渠道冲突 朱玉童　著	21 个最新的渠道冲突案例立体地介绍渠道冲突的现象和方法		
五、快消品企业战略			
重构：快消品企业重生之道 杨永华　著	从战略，品牌，市场，产品，营销，系统，管理 7 个方面进行重构	**变局下的快消品实战策略** 杨永华　著	从 5 个角度针对快消品企业如何应对行业变局给出答案
新营销 刘春雄　著	让品牌商和渠道商掌握获得独立流量的能力，能够与平台商博弈	**采纳方法：破解本土营销 8 大难题** 朱玉童　著	破解困扰营销人的八大难题变给出解决方法
白酒营销培训宝典：复制高业绩 刘孝鞅　著	总结白酒营销人员系统运作市场的要点，转化为易学可复制的动作和工具表单	**酒水饮料快消品餐饮渠道营销手册** 朱伟杰　著	对餐饮渠道深入挖掘，建立适合餐饮渠道发展的服务模式和组织保障措施
白酒营销的第一本书 唐江华　著	多角度阐释白酒一线市场操作的最新模式和方法	**白酒经销商的第一本书** 唐江华　著	经销商如何选择厂家、合作、运营品牌等问题给建议
白酒到底如何卖 赵海永　著	多角度地阐释了白酒一线市场操作的最新模式和方法	**白酒到底如何卖 2：从市场培育到动销** 赵海永　著	系统化、标准化、模式化的促成动销的实战操作方式和方法
变局下的白酒企业重构 杨永华　著	白酒企业重构期的营销战略与实操策略 6 大方法	**酒业转型大时代** 微　酒　著	酒水营销、新闻资讯及行业分析、预测的知识宝典
区域型白酒企业营销必胜法则 朱志明　著	以 36 条法则从战略、营销、推广、产品线、品牌、市场、战术、等方面提供方法	**10 步成功运作白酒区域市场** 朱志明　著	从市场攻守、产品攻略、新品上市、占领渠道、促销等十个层面阐述
茶·调味品·油·乳业			
营销中国茶：2 小时读懂茶叶营销 史贤龙　著	中国茶营销的“困局”“破局”和“创举”	**中国茶叶营销第一书** 柏　龑　著	纵览中国茶叶市场的全局，并且有针对性地提出问题并阐述解决方法
调味品营销第一书 陈小龙　著	15 年监控中国市场 50 个中外著名调味品品牌市场运作、管理等得到的经验总结	**调味品企业八大必胜法则** 张　戟　著	提炼了调味品企业八大规律性的关键成功要素
食用油营销的第一本书 余　盛　著	从小包装油行业概述到产品的基本知识，从基本执行动作到品牌整体策划等	**鲁花：一粒花生撬动的粮油帝国** 余　盛　著	鲁花如何成长为优秀的带动农业产业发展的品牌，鲁花你一定学得会

续表

书名	内容	书名	内容
金龙鱼背后的粮油帝国 余　盛　著	以金龙鱼为脉的一部中国粮油行业的史诗	**乳业营销的第一本书** 侯军伟　著	区域型乳品企业如何才能够稳健的发展
工业品			
一、工业品销售			
大客户销售这样说这样做 陆和平　著	大客户销售活动的十大模块，68个典型销售场景	**销售是个专业活　B2B** 陆和平　著	据客户采购流程拆分销售过程10阶段，讲解方法技巧
成为资深的销售经理：B2B　工业品 陆和平　著	让销售经理成功把握销售管理6个关键点，并提供工具	**一切为了订单：订单驱动下的工业品营销实践** 唐道明　著	以订单流程的三个环节为主线讲述工业品营销管理新思路
二、工业品营销			
工业品营销管理实务(第4版) 李洪道　著	是信任导向工业品营销体系的深化版、工业品营销管理体系优化咨询升级版	**工业品企业如何做品牌** 张东利　著	为当下中国制造的品牌化转型提供经过实践证明的理念、方法和体系
工业品市场部实战全指导 杜　忠　著	解决职能不清、市场部五大职能如何运作、职业发展路径等具体问题	**解决方案营销实战案例** 刘祖轲　著	十大工业品作者实操案例解码解决方案营销
资深大客户经理：策略准　执行狠 叶敦明　著	将大客户经理必须具备的规划、策略、执行三种能力连通自如		
三、工业品企业			
变局下的工业品企业7大机遇 叶敦明　著	探索工业品企业成长的新机会，7大战略与战术性机会	**两化融合管理体系贯标流程与方法** 戴　勇　著	融合五十多家企业在两化融合贯标过程的经验，总结重点与举措
丁兴良讲工业4.0 丁兴良　著	多角度阐述中国在工业4.0的机遇和挑战		
建材家居			
一、建材家居门店			
家居建材促销与引流 薛　亮　李永锋　著	对泛家居营销执行模式和工具、关键环节等进行汇总	**新零售动作分解与实操：建材·家居·家具** 盛斌子　著	对泛家居行业趋势、店面管理、团队管理、促销推广、五感营销等提供策略
家具行业操盘手 王献永　著	总结家具终端门店发展的现状及问题并给出策略	**手把手教你做专业督导** 熊亚柱　著	系统梳理督导的核心技能，岗位职责、工作流程及技能
手把手帮建材家居导购业绩倍增 熊亚柱　著	针对建材家居门店的业务人员，案例故事还原场景教你成为好导购	**10步成为最棒的建材家居门店店长** 徐伟泽　著	梳理店长管理的核心工作职责，店面管理规范和帮助销售人员成长
建材家居门店销量提升 贾同领　著	9个板块讲述建材一个单店如何做到经营的良性循环	**建材家居门店6力爆破** 贾同领　著	产品力、导购力、形象力、推广力、服务力、组织力
二、建材家居经销商			
新经销：新零售时代教你做大商 黄润霖　著	探访近100位经销商在传统营销手法上的创新，传统营销微创新和新营销本地化	**建材家居经销商42章经** 王庆云　著	经营管理的心法和战法，帮助经销商成为“业务妙手”和“管理能手”

续表

书名	内容	书名	内容
成为最赚钱的家具建材经销商 李治江　著	针对建材家居行业的经销商，从销售模式、产品、门店、市场等方面给出方法		
三、建材家居企业			
定制家居黄金十年 韩　锋　翁长华　著	对中国定制家居行业20年发展历程深度、系统、专业的解读	**建材家居营销：除了促销还能做什么** 孙嘉晖　著	探索家居建材行业营销的革命，回顾和思考来发现行业“营销天花板”的突破口
建材家居营销实务：新环境、新战法 程绍珊　杨鸿贵　著	针对建材家居市场特点提出以客户价值为基础的整体营销价值链		
零货·超市·百货			
新零售进化路径 李政权　著	预先复盘新零售及商业的未来，找到方向	**新零售　新终端** 迪智成　著	将新零售系统打法做梳理并落地在新终端建设上
移动互联下的超市升级 联商网　著	超市未来的发展趋势，对社区超市、生鲜、全渠道建设、O2O等提出观点	**百货零售全渠道营销策略** 陈继展　著	零售行业的竞争重点、行业本质，战略转型、未来趋势、经验和案例
超市卖场定价策略与品类管理 IBMG集团　著	零售企业的市场拓展与商品定位、商品结构与商品陈列、毛利分析与库存分析	**连锁零售企业招聘与培训破解之道** IBMG集团　著	围绕零售企业组织架构、培训体系建设等内容进行深刻探讨
总部有多强大，门店就能走多远 IBMG集团　著	五大方向综合阐述连锁零售企业总部如何提升管理能力	**三四线城市超市如何快速成长：解密甘雨亭** IBMG集团　著	甘雨亭的许多关键经营指标均高于行业标准，学习其成功的方法
中国首家未来超市：解密安徽乐城 IBMG集团　著	对乐城超市的掌门人及内部员工的采访详细阐释了乐城的经验	**零售：把客流变成购买力** 丁　昀　著	通过大量的实际案例对中国零售业态的升级转型之路提出思考
餐饮·服装·影院			
餐饮新营销 杨　勇　程绍珊　著	聚焦餐饮企业转型，系统的餐饮企业营销管理体系	**电影院的下一个黄金十年** 李保煜　著	介绍了中国电影产业的运作模式以及电影院的开发、设计思路
餐饮企业经营策略第一书 吴　坚　著	阐述餐饮企业产品之道、市场之道、顾客之道及盈利之道	**赚不赚钱靠店长，从懂管理到会经营** 孙彩军　著	注重专卖店的经营思路拓展，门店管理细节方面能力提升
农牧业			
一、农资			
饲料营销有方法 陈石平　著	饲料营销的7大核心命题	**农资营销实战全指导** 张　博　著	深度营销在农资市场行之有效的营销策略和工具
新农资如何弯道超车 刘祖轲　著	从农业产业化、互联网转型、行业营销与经营突破		

续表

书名	内容	书名	内容
二、农牧企业			
中国牧场管理实战 黄剑黎　著	牧场管理标准、管理制度、操作规程做出剖析和指引	**中小农业企业品牌战法** 韩　旭　著	农业企业需要全产业链视野，更需要品牌实战方法
变局下的农牧企业9大成长策略 彭志雄　著	为农牧企业量身打造了9个立足现在、展望未来的成长策略	**农产品营销实战第一书** 胡浪球　著	针对33个农产品营销的核心问题提供具体招数
		地产·汽车	
一、地产			
中国城市群房地产投资策略 吕俊博　刘　宏　著	挖掘主要城市群的现状特征、发展因子、演化趋势、竞争关系等，给出分析建议	**产业园区/产业地产：规划、招商、实战运营** 阎立忠　著	认知、规划、招商、运营四方面系统解读产业园区的建设精要和运营技巧
人文商业地产策划 戴欣明　著	“全球化视野（创意）”+“人文+”思维		
二、汽车			
商用车经销商运营实战 杜建君　著	对商用车经销商的经营与管理、4S店运营做了全方面的系统总结	**汽车配件这样卖** 俞士耀　著	适合轮胎、机油、维修、快保、美容、洗车等汽车服务业态销售实操办法
润滑油销售：这样说，这样做更有效 张金荣　著	总结润滑油销售面对三大客户常遇到的200余个营销问题解决方法		
		投资理财·收购资本	
交易心理分析 马克·道格拉斯 【美】　著	一语道破赢家的思考方式，并提供了具体的训练方法	**财报背后的投资机会** 蒋　豹　著	零基础轻松掌握财务报表的相关知识，快速入门
写给企业家的公司与家庭财务规划 周荣辉　著	以企业的发展周期为主线，写各阶段企业与企业主家庭的财务规划	**分股合心** 段　磊　周　剑　著	围绕股权激励，详细介绍相关知识和实行方法
成功并购300问 浩德并购军师联盟　著	系统学习资本运作和企业并购知识的金融工具书	**并购名著阅读指南** 叶兴平　著	全球5000多本并购图书中精选200本并进行评价
		阿米巴	
阿米巴经营的中国模式 李志华　著	基于阿米巴经典理念提出了适合中国本土的员工自主经营的“1532”模型	**集团化企业阿米巴实战案例** 初勇钢　著	作者在某酒厂推行阿米巴经营模式的心得
中国式阿米巴落地实践之激活组织 胡八一　著	划分原则、裂变与整合、组织管控、重新定位、巴长竞聘和组阁	**中国式阿米巴落地实践之从交付到交易** 胡八一　著	从6个方面阐述经营会计，从交付到交易是成功实施阿米巴的标志
中国式阿米巴落地实践之持续盈利 胡八一　著	企业做平台、平台做成阿米巴、阿米巴做成合伙制		

续表

人力资源管理			
一、绩效·薪酬			
书名	内容	书名	内容
回归本源看绩效 孙　波　著	从目的和概念帮助企业梳理绩效管理与经营的关系	**走出薪酬管理误区** 全怀周　著	7个常见薪酬误区入手为企业提供一套系统解决方法
曹子祥教你做绩效管理 曹子祥　著	作者核心授课课程的还原，掌握绩效管理的核心内容	**曹子祥教你做激励性薪酬设计** 曹子祥　著	作者28年咨询经验总结，如何进行科学的薪酬体系设计
二、招聘·面试·培训			
把招聘做到极致 远　鸣　著	多年人力资源资深招聘经理多年工作心得提炼	**把面试做到极致** 孟广桥　著	一套实用的确定岗位招聘标准、提升面试官技能方法
人才评价中心漫画版 邢　雷　著	用漫画形式写成的人才测评专业书籍	**世界500强资深培训经理人教你做培训管理** 陈　锐　著	从构建培训体系、培训组织、培训文化、开发培训资源教你做培训管理
三、HR高管·劳动法			
经营型HRD 黄渊明　著	总结企业HRD如何支撑企业经营成功抓好七件关键事情	**人才供应链：实现高绩效均衡的人才管理模式** 许　锋　著	打造人才供应链的四大支柱，十项修炼的完整体系
新任HR高管如何从0到1 新　海　著	到互联网创业型企业担任HRVP，从0到1建立较完善的HR体系	**人力资源体系与e－HR信息化建设** 刘书生　陈　莹 王美佳　著	6大框架、28个关注点、5大目标、6大优势、166个交付物咨询体系和盘托出
集团化人力资源管理实践 李小勇　著	针对集团型企业人力资源管理急问题，提出科学建议	**我的人力资源管理笔记** 张　伟　著	第三方咨询视角跳出“技术方法”看人力资源管理
人力资源的5分钟劳动法 李皓楠　著	入职管理、在职管理、离职管理中遇到的劳动法问题及应对		
四、HRBP			
HRBP是这样炼成的之菜鸟起飞 黄渊明　著	作者在初步转型HRBP两年时间里摸索实践的亲身经历与总结	**HRBP是这样炼成的之中级修炼** 黄渊明　著	结合作者亲身从事HRBP的工作经历，总结HRBP的作战故事
HRBP高级修炼 黄渊明　著	故事方式，HRD角度深度呈现运用HRBP的思维、方法		
企业文化			
企业文化落地本土实践 王祥伍　著	华夏基石“知信行”模型描绘企业文化落地路线图	**企业文化的逻辑** 王祥伍　著	从文化起源深刻剖析文化、效率、企业、企业文化联系
企业文化定位·落地一本通 王明胤　著	企业文化理念传播和落地聚焦的17种方法，解读了近100个实战案例	**36个拿来就用的企业文化建设工具** 海融心胜　著	汇集整理了36个通用的企业文化实践工具

续表

书名	内容	书名	内容
企业文化激活沟通 宋杼宸　安　琪　著	系统阐述沟通与企业文化的关系，给予企业提升沟通效能的企业文化解决方案	**企业文化建设超级漫画版** 邢　雷　著	用漫画形式写成的企业文化建设专业书籍，理论体系和 29 个具体的操作方法
在组织中绽放自我 朱仁建　著	个人与组织之间的关系，文化对组织化形成的影响		
		流程管理	
营销·研发·供应链业务架构与流程管理 谭勋晖　著	对营销、研发、供应链这三大业务流程变革实践经验总结	**打造集成供应链** 王春强　著	第一用力在“集成”上，梳理内外部各相关模块及其依赖关系
人人都要懂流程 金国华　余雅丽　著	50 幅流程管理漫画，内部对流程价值理念的高度共识	**用流程解放管理者** 张国祥　著	8 个板块构成，共 66 篇文章，14 幅流程管理图
用流程解放管理者 2 张国祥　著	对中小企业规范化流程管理进行系统的阐述	**跟我们学建流程体系** 陈立云　罗均丽　著	在《跟我们做流程管理》基础上丰富了标杆实践案例
16949 质量管理体系落地与全套文件汇编 谭洪华　著	对 IATF16949 每个条款讲解采用理解、作用、落地、模板、成功案例四个模块解析	**ISO9001：2015 制造业文件模板全集** 贺红喜　著	五篇内容组成的完整的质量管理体系工具文件
精益质量管理实战工具 贺小林　著	四个方面对精益质量管理进行了全方位介绍和解读，并提供大量方法工具	**五大质量工具详解及运用案例** 谭洪华　著	APQP、FMEA、MSA、SPC、PPAP 这五大质量工具的具体运用
IATF16949 质量管理体系详解与案例文件汇编 谭洪华　著	针对 IATF16949 的标准原文做详细解说，同时提供大量表单案例	**SA8000：2014 社会责任体系认证实战** 吕　林　著	将 SA8000 多版本及 10 多年的体系实战经验汇编成书
ISO9001：2015 新版质量管理体系解读与案例文件汇编 谭洪华　著	ISO9001：2015 新版标准理解和运用操作进行详细解读	**ISO14001：2015 新版环境管理体系解读与案例文件汇编** 谭洪华　著	ISO14001：2015 改版后的差别和操作运用进行详细讲解
		精益生产	
一、精益·JIT·IE			
精益思维 刘承元　著	作者二十余年企业经营和咨询管理的经验总结	**比日本工厂更高效** 刘承元　著	管理提升无极限 + 超强经营力 + 精益改善里的成功实践
计划与物流精益改善之道 于晓光　著	围绕“计划与物流战略咨询的方法论”进行解析，提供方法论和案例	**300 张现场图看懂精益 5S** 乐　涛　著	通过日本丰田、上市企业案例，用 300 张现场图系统讲解 5S 管理
3A 顾问精益实践 1：IE 与效率提升 党新民　苏迎斌 蓝旭日　著	系统、全面地介绍 IE 工厂管理技术，提高效率创造价值	**3A 顾问精益实践 2：JIT 与精益改善** 肖智军　党新民　著	系统、全面地介绍 JIT 生产方式，并加入实践案例
高员工流失率下的精益生产 余伟辉　著	从三方面论述推行精益管理时如何应对员工流失		

续表

书名	内容	书名	内容
二、生产管理			
化工企业工艺安全管理实操 黄　娜　著	围绕化工工艺安全14要素来展开分析	**手把手教你做专业生产经理** 黄　娜　著	生产经理如何在信息流、物流、资金流三大流中开展工作
欧博心法：好工厂　靠管理 曾　伟　著	从管人篇和管事篇帮助读者解决人难管、事难控	**欧博工厂案例1：生产计划管控对话录** 曾　伟　曾子豪　著	工厂管理生产计划管控模块的8个全景细节大案例
欧博工厂案例2：品质技术改善对话录 曾　伟　曾子豪　著	工厂管理品质、技术、效率管理模块的10个全景细节大案例	**欧博工厂案例3：员工执行力提升对话录** 曾　伟　曾子豪　著	工厂管理人员管控模块的5个全景细节大案例
工厂管理实战工具 曾　伟　著	中国传统文化指导下的工厂管理工具		
全能型班组：城市能源互联网与电力班组升级 国网天津电力公司　著	从互联网时期的班组转型升级出发，对新型班组组织模式和运行机制进行设想	**国网天津电力全能型班组建设实务** 国网天津电力公司　著	聚焦天津电力公司在探索全能型班组转型升级时的优秀实践
车间人员管理那些事儿 岑立聪　著	小事入手把基层车间管理者头疼的事务打包解决		
咨询·培训师			
培训师事业长青之道 廖信琳　著	培训师自我管理的“洋葱模型”，十项内容与五个层级	**管理咨询师的第一本书** 熊亚柱　著	深度剖析初级入行咨询师在工作中会遇到的问题
资深管理咨询顾问工作心得 张国祥　著	使用手册讲述咨询师如何操作项目，老板如何选择咨询师，企业如何自主落地	**手把手教你做顶尖企业内训师** 熊亚柱　著	从开、控、收、编、制、用的角度去践行培训师的职责
TTT培训师精进三部曲上 廖信林　著	手把手教您“深度改善现场培训效果”的一招一式	**TTT培训师精进三部曲中** 廖信林　著	建构一整套培训课程设计与开发的认知架构和方法体系
TTT培训师精进三部曲下 廖信林　著	通过“沉淀职业功力的六度模型”，帮助培训师在职业技能上的持续精进		
产品·研发			
研发体系改进之道 靖　爽　陈年根 马鸣明　著	取材数十家企业研发改进的咨询实践，提炼一套实操的改进步骤与工具	**新产品开发管理，就用IPD（升级版）** 郭富才　著	把产品经营的思想凝结在新产品开发管理机制中，升级版更丰富
产品开发管理：方法·流程·工具 任彭枞　著	结合超过300家企业的实际研发管理方法，总结问题和方法，大量表格	**资深项目经理这样做新产品开发管理** 秦海林　著	采用过程管理方法，对新产品开发的四大过程进行分析，主要针对小电器产品
产品炼金术Ⅰ：如何打造畅销产品 史贤龙　著	如何打造畅销产品的四个方法	**产品炼金术Ⅱ：如何用产品驱动企业成长** 史贤龙　著	经营者视角重新认识产品，对产品现状快速诊断
中东历史与现状二十讲 黄民兴　著	对中东几千年的历史和动荡的现状进行了一个白描	**非暴力抵抗的诞生** 甘　地　著	甘地南非21年为印度侨民争取政治权利的艰苦历程

续表

书名	内容	书名	内容
中国古代政治制度上：皇帝制度与中央政府 刘文瑞　著	探究中国古代政治制度的规则和机制，论证古代皇帝制度的形成和演变历程	中国古代政治制度下：地方体制与官僚制度 刘文瑞　著	探究中国古代政治制度的规则和机制，论证古代地方政府的发展演变过程
两晋南北朝十二讲 李文才　著	分12个专题对两晋南北朝的历史进行阐述	每个中国人身上的春秋基因 史贤龙　著	透过真实的春秋历史，看到人性里的黑暗与光明、卑劣与高尚
二、哲学			
车过麻城·再晤李贽 张再林　著	用游记的方式，展示李贽独到的学术眼力和理论建树	王阳明万物一体论 陈立胜　著	“万物一体”是王阳明思想的基本精神。大人者，能与天地万物为一体
自我与世界：以问题为中心的现象学运动研究 陈立胜　著	对现象学运动之中的“意向性”“自我”“他人”“身体”及“世界”进行深入分析	作为身体哲学的中国古代哲学 张再林　著	对中国古代哲学之性质内容给予一种全新的理论解读
中西哲学的歧义与汇通 张再林　著	揭示中西哲学“你中有我，我中有你”之旨		
三、传统文化			
与老子一起思考·道篇 史贤龙　著	一本将《老子》思想本义、思想价值、思想史地位、文明史意义讲透的著作	与老子一起思考·德篇 史贤龙　著	考、释、译、论四个方面的工作对《老子》进行解读
国富策：读管子知天下财富 翟玉忠　著	《管子》轻重十六篇为核心的轻重术，深刻阐发并从中汲取有益时代的经验教训	说服天下：鬼谷子的中国沟通术 翟玉忠　著	为纵横家正名，对纵横术进行了系统总结
中国商道 翟玉忠　著	对中国先秦和明清时期商业典籍系统整理和诠释	梁涛讲孟子之万章篇 梁　涛　著	对《万章》的讲解通俗、富有新意
中国思想文化十八讲 张茂泽　著	中国宗教文化课程10年基础上撰写而成，介绍中国古代宗教思想	孔门心法，中道而行：史幼波中庸讲记 史幼波　著	史幼波讲的《中庸》提炼出中华传统心性之学的精髓
大学之道，圣学纲目：史幼波大学讲记 史幼波　著	史幼波讲的《大学》帮助我们在自己身上找到一个精神的皈依处	史幼波《周子通书》《太极图说》讲记 史幼波　著	根据史幼波围绕这两篇儒学经典的系列讲座整理而成
四、书法·太极·教育·英语			
跟陈忠建学写名家书法Ⅰ 陈忠建　著	用视频跟陈忠建学名家书法之楷书·行书	跟陈忠建学写名家书法Ⅱ 陈忠建　著	用视频跟陈忠建学名家书法之隶书·楷书·行书
郑子太极拳理拳法 杨竣雄　著	作者14岁入郑子太极之门，用故事性的方式讲述教学	内功太极拳训练教程 王铁仁　著	训练方法及练习，用内气演练过程予以详析，有视频
别让你的执着毁了孩子 廖信林　著	复盘与孩子互动过程中的关键时刻，有效的亲子教育	像美国人一样讲话 马方旭　著	美国最常用的800句习惯用语搭配场景例句，有视频